Frühling

KÜCHE & WERKSTATT

GARTEN & BALKON

PFLANZEN & TIERE

LILLY, 14

LUZY, 13

MARIE FEE, 14

LEVIN, 8

Sommer

GARTEN & BALKON

„Komm mit in unsere Gartenwerkstatt!"

KÜCHE & WERKSTATT

PFLANZEN & TIERE

NIKLAS, 11

FREDERIKE, 11

RANA, 6

NAIMA, 10

Herbst

GARTEN & BALKON

PFLANZEN & TIERE

KÜCHE & WERKSTATT

„Gärtnern im Herbst? Klar, das geht!"

LINUS, 11

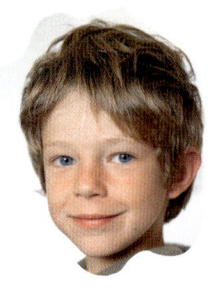

DANIEL, 8

MARLA, 14

SIRI, 10

Winter

GARTEN
& BALKON

PFLANZEN
& TIERE

KÜCHE
& WERKSTATT

FANNY, 5

ARTO, 11

TULA, 11

MADITA, 13

GARTEN?
YEAH!!

WÜHLEN, GIESSEN, ERNTEN ... man braucht nur damit loszulegen, dann spürt man es schon: In jedem Apfelkern steckt ein Apfelbaum! Und man kann mithelfen, dass er gut wächst. Denn egal, wie groß oder klein dein Stückchen Garten oder dein Kübel auf dem Balkon ist – ein bisschen Erde gestalten heißt immer auch, der großen Erde etwas Gutes zu tun. Indem du zu Hause Salat, Tomaten, Gurken oder Zuckerhut vor der eigenen Tür erntest, ersparst du dem Gemüse lange Wege und damit der Umwelt viel schädliches CO_2. Mal ganz davon abgesehen, dass nichts so gut schmeckt wie die Dinge, für die man sich eine Menge Dreck unter den Fingernägeln geholt hat.

Vergiss aber nicht, draußen auch etwas zu machen, das genauso wichtig ist: einfach nichts. Auf dem Rücken im Gras liegen, den Fliegen und Bienen beim Summen zuhören, die Wolken am Himmel vorbeiziehen lassen und ein paar Kirschen vom Baum naschen. Mal ehrlich: Gibt's was Schöneres?

WERKZEUG
für Gärtner

1

2

3

4

5

6

6

7

7 BESTE Blumen-erde

8

Wichtig: Kauf nur Gartengeräte, die du wirklich benötigst! Viele Dinge sind bestimmt im Haushalt vorhanden – und man kann wie immer auch improvisieren!

1 LÖFFEL

Den brauchst du ständig, z. B., um Erde für deine Pflänzchen in kleine Joghurtbecher zu füllen, wie auf → Seite 18/19.

2 GARTENSCHERE

Die ist ein Muss für jeden Gärtner. Abzuschneiden gibt es schließlich immer etwas.

3 KLEINE GIESSKANNE

Sie ist im Haus unersetzlich: Für deine Pflanzen und Pflänzchen in kleinen Töpfen brauchst du eine kleine Gießkanne mit feinem Strahl, damit nichts daneben geht.

4 HYAZINTHENGLAS

Kein Muss, aber hübsch: Ein Hyazinthenglas kannst du im November mit Wasser füllen, dann die Zwiebel darauflegen, ein Papierhütchen aufsetzen und ein, zwei Wochen kühl stellen. Ganz wichtig: Zwischen Zwiebel und Wasser muss ein wenig Abstand sein! Dann holst du das Glas in die Wohnung. Wenn das Hütchen vom Hyazinthenkeimling angehoben wird, nimmst du es ab und wartest auf die Blüte.

5 WASSERSPRÜHER

Blattläuse auf Zimmerpflanzen können nerven. Vertreibe sie mit verdünntem Zitronensaftkonzentrat aus dem Wassersprüher.

6 BLUMENTÖPFE

Davon kann ein leidenschaftlicher Gärtner gar nicht genug haben – nicht nur zum Pflanzen, auch zum Backen! Schau mal auf → Seite 92–95 nach. Und auf → Seite 16 siehst du, wie du dir bei der Anzucht auch ohne Töpfe helfen kannst.

7 ERDE

Eine Erdsorte allein genügt beim Gärtnern nicht. Zum Anziehen von Pflanzen aus Saatgut brauchst du Anzuchterde. Sie ist besonders locker und nährstoffarm.

8 ANZUCHTKASTEN

Der ist z. B. praktisch, wenn du eigene Tomaten ziehen willst. Im Kasten können sie groß und stark werden, bevor sie Mitte Mai nach draußen dürfen.

9 PFLANZLEINE

Die spannst du für gerade Linien beim Säen und Pflanzen.

10 KÜCHENMESSER

Im Garten gibt es viel zu schneiden. Auf jeden Fall Blumen für die Vase!

11 ZIEHHACKE

Die hilft dir beim Unkrautjäten und wenn du den Boden oberflächlich lockern willst.

12 ROSENSCHERE

Sie schneidet weiche Gehölze wie Rosen. Wenn du aber eine Gartenschere (2) hast, brauchst du sie nicht unbedingt.

13 HANDSÄGE

Die kommt zum Einsatz, wenn sich ein größerer Ast in den Weg stellt oder eine Latte passend gesägt werden muss.

14 GIESSKANNE

Gießen ist wichtig und die Kanne dazu unerlässlich.

15 SCHERE

Ohne geht es nicht. Du brauchst sie z. B., um die Mini-Gewächshäuser auf → Seite 100/101 bauen zu können.

16 PIKIERSTAB

Mit dem Pikierstab trennt man nach der Anzucht die Wurzeln kleiner Pflänzchen, sobald sich die ersten Blattpaare zeigen. Anschließend werden die Pflanzen einzeln in Töpfe oder ins Beet gesetzt.

17 GRABEGABEL

Sie hilft, den Boden zu lockern, und bei der Ernte von Wurzelgemüsen.

18 RANKHILFE

Alle Pflanzen, die in die Höhe wachsen wollen, brauchen eine Rankhilfe. Bestes Beispiel: die Feuerbohne (→ Seite 20/21).

19 PFLANZKELLE

Mit ihr bringst du deine Pflanzen problemlos in den Boden. Eine stabile Schippe aus dem Sandkasten funktioniert aber auch!

20 SPATEN UND SCHAUFEL

Beide brauchst du zum Umgraben. Das ist ohnehin eine anstrengende Arbeit, die dir eine gute Schaufel erleichtern kann.

21 BLUMENDRAHT

Schnell mal eine Ranke festmachen? Eine kleine Reparatur durchführen? Blumendraht ist ein praktischer Helfer.

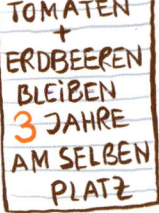
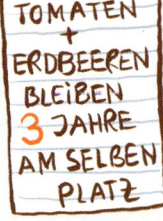

Sehr hungrige PFLANZEN

- BROKKOLI 2461 PROFI A
- schnittlauch
- MÄRZ
  - MÖHREN + RADIESCHEN
  - APRIL
  - ZWIEBELN
  - KARTOFFELN
  - KOPFSALAT
- 2 PETERSILIE
- TOP ♥ Tomate T34
- GURKE G17
- GURKE G17
- KORIANDER P6
- TOMATEN + ERDBEEREN BLEIBEN 3 JAHRE AM SELBEN PLATZ
- TOP ♥ Tomate T34

Ziemlich hungrige PFLANZEN

- Möhre M61
- Möhre M61
- BESTE SAAT! Radieschen 251 C
- CALENDULA A 17
- Pflanzen brauchen Wasser ☺

nicht nebeneinander
- ERBSEN / TOMATEN
- ERBSEN / STANGENBOHNE
- ZWIEBELN / — " —
- KARTOFFELN / TOMATE
- KOPFSALAT / PETERSILIE
- — " — / SELLERIE
- TOMATE / GURKE

Wenig hungrige PFLANZEN

- KRESSE W78 PROFI ♥ A
- TOPSAAT 4977 Rauke A
- TOPSAAT 4977 Rauke A
- Oregano 322

- 3 Erbsen
- 3 Erbsen
- 3 Erbsen
- SAMEN SAMMELN FÜRS NÄCHSTE JAHR !!

PFLANZEN *Collage*

Such dir einen sonnigen Platz für dein Beet. Dort wird die Erde im Frühling schnell warm und du kannst deinen Pflanzen bald beim Wachsen zuschauen. Den Überblick behältst du dabei mit solch einem Plan.

1 PFLANZPLAN HERSTELLEN

Du brauchst dazu eine stabile Pappe, etwa 50 x 60 cm groß. Idealerweise hat sie ungefähr die gleichen Proportionen wie dein Gartenstück. Auf die Pappe klebst du die Samentütchen, deren Samen du im Beet ausgebracht hast, und zwar so, wie du sie im Beet tatsächlich ausgesät hast.

2 SAMENTÜTEN NUTZEN

Zum Wegwerfen sind sie nämlich meist viel zu schade. Vorne siehst du, wie die Pflanze aussehen wird, wenn sie erst groß ist. Auf der Rückseite findest du alle wichtigen Informationen darüber, was die Pflanze braucht, um sich wohlzufühlen.

Also: Welchen Boden braucht sie? Wie lange keimt sie? Wann kann sie nach draußen gepflanzt werden? Wie viel Abstand braucht sie zur nächsten Pflanze?

3 WEITERPLANEN

Deinen Pflanzplan kannst du auch im nächsten Jahr nutzen. Nach einem Jahr sollten die verschiedenen Gemüsesorten nämlich umziehen, denn sie haben einen ganz unterschiedlichen Bedarf an Nährstoffen. Da gibt es die sogenannten Starkzehrer wie Kartoffeln, Kohl oder Tomaten, die viele Nährstoffe benötigen, die Mittelzehrer wie Zwiebeln, Möhren und Radieschen und die Schwachzehrer wie Bohnen, Erbsen und Kräuter. Den Wechsel im Beetquartier nennt man Fruchtfolge: Dazu setzt du die Pflanzen jeweils ein Quartier weiter.

4 PFLANZEN SCHLAU KOMBINIEREN

Es gibt auch beim Obst und Gemüse gute und schlechte Nachbarn. Wenn z. B. Erdbeeren neben Kopfsalat oder Lauch stehen, wachsen sie besonders gut. Pflanzt man sie dagegen neben Kohl, gedeihen sie nicht. Auf dem Bild auf der linken Seite wächst jede Pflanze neben Nachbarn, die sie gern mag.

Frühling

FÜR GÄRTNER beginnt der Frühling auf der Fensterbank. Vielleicht
hast du Lust, auch ein paar Gemüsesorten vorzuziehen? Auf den →Seiten
16 – 19 kannst du nachlesen, wie es geht. Wenn du dir nicht ganz sicher
bist, was du säen und pflanzen möchtest, dann mach einmal eine Liste mit
allen Gemüsesorten, die du besonders gern magst. Und schreib auch drei
Gemüsesorten auf, die du noch nie gegessen hast, aber in diesem Jahr
noch probieren möchtest. Falls du nach einer Gemüsepflanze suchst,
die sich ganz leicht vorziehen lässt, sind Tomaten eine gute Wahl.

PFLANZEN
vorziehen

DIE GUTEN INS TÖPFCHEN ... stimmt, aber die Töpfchen musst du nicht extra kaufen. Was du brauchst, findest du im Haushalt: Kleine Pflanzen lassen sich nämlich prima in Joghurt- oder Sahnetöpfchen großziehen. Größere Gurken- oder Kürbispflanzen sind bis zur Übersiedlung ins Beet in halbierten Tetrapaks gut aufgehoben. Nur eines darfst du nicht vergessen: kleine Abflusslöcher in den Boden der verschiedenen Gefäße zu piksen. Super praktisch sind übrigens Papprollen, wie auf dem Foto rechts. Sie können später komplett ins Beet gesetzt werden.

★ Anfang März ist die perfekte Zeit, um mit der Aussaat loszulegen. Pflanz auf jeden Fall auch ein paar Feuerbohnen!

DAS BRAUCHST DU:

- Papprollen
- Joghurtbecher
- Eierpappen

PLUS:

- Anzuchterde
- Saatgut für Gemüse-
  pflanzen wie Paprika,
  Artischocken, Spinat,
  Knollensellerie,
  Zucchini

**UND FÜR DEN
SCHNELLEN ERFOLG:**

- Saatgut für Feuerbohnen,
  Sojabohnensprossen,
  Kresse

„Kleine Pflanzen sind empfindlich.
Kaltes Wasser mögen sie nicht.
Und ganz viel Sonne auch nicht."

1 DIE RICHTIGE ERDE

Verwende spezielle Anzuchterde statt normaler Gartenerde zum Vorziehen. Für die zarten Wurzeln der meisten
Keimlinge ist diese zu stark gedüngt. Steck deinen Samen
vorsichtig in die Erde. Eierpappen oder Klopapierrollen
sind als Pflanzbehälter prima.

2 GIESSEN NICHT VERGESSEN

Die Erde darf niemals austrocknen, andererseits darf auch keine Staunässe entstehen. Als Faustregel gilt: Wenn die Papprollen außen sichtbar gut durchfeuchtet sind, ist auch innen alles in Ordnung.

3 DIE IDEALE FENSTERBANK

... ist am Ost- oder Westfenster eines kühlen, hellen Raums bei maximal 18 Grad. Bei zu viel Wärme bilden die Pflanzen zu lange Stängel und werden anfällig für Krankheiten und Schädlinge.

4 RECHTZEITIG UMTOPFEN

Pflänzchen, die nicht viel Licht und Platz bekommen, stellen meist das Wachstum ein. Setz die Jungpflanzen deshalb rechtzeitig einzeln in Joghurtbecher oder Papprollen. Wie du das am besten machst, steht auf den nächsten Seiten.

5 UMZUG NACH DRAUSSEN

Solange deine Pflanzen im Haus sind, gilt: regelmäßig lüften, das macht die Kleinen stark! Wenn du ihnen Mini-Gewächshäuser baust (→ Seite 98–101), dürfen sie bald schon nach draußen umziehen.

FEUER *Bohne*

Keine ist schneller – und robuster: Die Feuerbohne kommt auf fast jedem Boden zurecht!

DAS BRAUCHST DU:

- Feuerbohnen-Saatgut
- Glas mit Wasser
- Papprollen (→ Seite 16 – 19)
- Anzuchterde
- Tablett
- Rankhilfen

SO GEHT'S: Leg die Saat Ende April für 12 bis 20 Stunden in ein Glas Wasser. Füll am nächsten Tag deine Papprollen mit Erde und setz die Bohnen hinein. Sie sollten etwa 2 cm unter der Erdoberfläche liegen. Stell die Töpfchen auf einem Tablett an einen hellen und kühlen Platz. Denk von jetzt an ans Gießen!

WANN NACH DRAUSSEN? Wenn die Nachtfrostgefahr wirklich vorbei ist – also nicht vor Mitte Mai. Such den Pflanzen ein sonniges Plätzchen mit guter Gartenerde. Und setz ihnen eine Rankhilfe, z. B. lange Stöcke oder Bohnenstangen, damit sie die Möglichkeit haben, in die Höhe zu wachsen. Feuerbohnen können nämlich über 5 m hoch werden. Und wie immer gilt: Boden feucht halten!

BOHNEN ERNTEN: Am besten schmecken die Bohnen, wenn sie etwa so lang sind wie dein Zeigefinger. Aber Achtung: Blüten und Schoten niemals roh essen! Sie enthalten Giftstoffe.

SAATGUT ERNTEN: Lass einige Schoten stehen. Sie erreichen eine Länge von bis zu 30 cm und darin steckt dann dein Saatgut fürs nächste Jahr. Wie du es bis dahin richtig lagerst, steht weiter hinten im Buch (→ Seite 106/107).

BAUM Schule

Aus den Kernen und Steinen von Früchten, möglichst aus Bio-Anbau, kann man eine Pflanze machen. Das sind die Tricks, die dir dabei helfen:

 A PFIRSICH

Er wächst problemlos, sofern der Stein nicht gespalten ist. Außerdem gilt wie bei allen anderen Samen auch: Anzuchterde verwenden!

B APFEL

Kern in ein Töpfchen mit Erde setzen, immer schön feucht halten, eventuell mit etwas Frischhaltefolie abdecken, kleine Löchlein hineinpiksen – schon ist dein Super-MiniGewächshaus fertig.

 C ZITRONE

Am besten gleich mehrere Kerne waschen, etwa 1 cm tief in die Erde legen. Dann schön feucht halten und warm stellen, am besten auf die Heizung!

 D MELONE

Funktioniert wie bei der Zitrone: abwaschen und ab in die Anzuchterde damit.

Mit etwas Glück sprießen schon nach einer Woche die ersten Keimlinge!

 E GRANATAPFEL

Das ist ein sogenannter Lichtkeimer. Deshalb die Samen auf die Erde legen und leicht andrücken, eventuell mit lauwarmem Wasser besprühen, fertig. Das Gefäß hell und bei ca. 23 Grad aufstellen. Nach einer Woche sollte schon was zu sehen sein.

 F AVOCADO

Es gibt viele bewährte Methoden, aber probier mal diese aus: Leg den Kern so lange in zimmerwarmes Wasser, bis sich die Schale löst und der Kern etwas aufspringt. Dann mit der Spitze nach unten einpflanzen.

 G APRIKOSE

Grab ein paar Steine im Winter etwa 2 cm tief draußen in der Erde ein. Durch den Frost wird die harte Schale gesprengt. Im Frühling kommen dann mit etwas Glück ein paar Pflänzchen zum Vorschein.

 H APFELSINE & MANDARINE

Behandle beide Kernsorten wie die Zitronenkerne. Eventuell zusätzlich wie beim Apfelkern mit etwas Folie abdecken.

SCHILDER
beschriften

DIE GUTE IDEE: In vielen Töpfen mit vorgezogenen Kräutern oder Gemüsepflänzchen aus dem Gartencenter stecken Plastikschilder, die man natürlich nach dem Einpflanzen in die Erde stecken kann. Aber richtig gut funktionieren sie eigentlich nicht. Beim Gießen oder Unkrautzupfen gehen sie schnell verloren, und Vögel verteilen die leichten Plastikschildchen gern bei ihrer Suche nach Würmern im Garten. Löffel als Namensschilder sind dagegen perfekt ...

★ In deinem Beet kannst du Pflanzen wachsen lassen, die es nur sehr selten zu kaufen gibt: Mangold mit gelben Stielen zum Beispiel!

DAS BRAUCHST DU:

- Gartenzeitschriften und -kataloge
- Schere
- Zeitung als Unterlage
- Serviettenkleber
- große Esslöffel vom Flohmarkt
- Pinsel
- Spraylack
- wasserfester Marker
- Stöckchen

PLUS:

- vorgezogene Pflanzen- samen

„Meine Schilder zeigen mir, wo mein Salat wächst – und wo das Unkraut!"

1 MOTIVE SUCHEN

Du kannst die Bilder natürlich direkt von den Samentüten nehmen – oder es ein bisschen witziger gestalten. Dann markierst du die Erdbeeren z. B. mit dem Foto von einer leckeren Erdbeertorte.

2 KLEBEN

Praktisch zum Aufkleben ist Serviettenkleber. Bepinsel die Rückseite der Motive. Klebe sie an passender Stelle auf die Löffel. Gut andrücken! Nimm dazu das hintere Ende des Pinsels, dann bleiben die Finger sauber.

3 SPRÜHEN UND SCHREIBEN

Wetterfest werden die Bilder, wenn du sie mit etwas Spraylack besprühst. Wenn du willst, kannst du danach noch den Namen der Pflanze mit dem Marker dazuschreiben. Und dann ist dein Schild auch schon fertig.

4 SÄEN

Falls du keine Pflanzen vorgezogen hast (→ Seite 18/19), kannst du auf den Tüten nachlesen, ab wann du die Samen direkt im Beet aussäen kannst. Zieh dafür Rillen mit einem Stöckchen und achte bei großen Pflanzen wie Sonnenblumen gleich auf den richtigen Abstand!

5 LÖFFEL PFLANZEN

Nach dem Säen füllst du die Rille wieder mit Erde auf. Drück die Erde gut an, um den sogenannten Bodenschluss herzustellen. Jetzt noch ein bisschen gießen, Löffel dazustecken und darauf warten, dass das frische Grün zu sprießen beginnt.

BIOMÜLL
Deponie

Im Kompost passiert perfektes Recycling.
Hergestellt wird: Erde!

DAS KANN ALLES AUF DEN KOMPOST: verwelkte Blätter, Gras, Zweige, Möhrengrün, Kartoffelschalen und andere Gemüseteile, die beim Putzen anfallen, Pflanzen mit Ungeziefer, Rhabarberblätter, alte Blumenerde, Apfelbutzen, Eierschalen, gebrauchte Teebeutel und Kaffeesatz mit und ohne Filter.

WAS PASSIERT DAMIT? Damit diese ganzen Dinge zu Erde werden, sind Millionen kleine Helfer nötig: Tausendfüßer, Asseln, Springschwänze und viele andere (→ Seite 30/31). Sie fressen alles auf, verdauen es und scheiden es als winzige Misthaufen wieder aus. Außerdem gibt es noch die Mikroben. Das sind unzählige Bakterien und Pilze, die ebenfalls im Kompost leben. Sie greifen das Kompostmaterial an und zersetzen es. Wenn die Arbeit dieser unermüdlichen Müllwerker getan ist, haben sie den Kompost in eine dunkelbraune, lockere und duftende Erde verwandelt.

NÄHRSTOFFREICHE ERDE: Wenn du Komposterde im Garten verteilst, kann eigentlich nichts mehr schiefgehen: Diese Erde ist voller Nährstoffe. Die wichtigsten sind Kalium, Stickstoff und Phosphat. Kalium hilft den Blumen und Früchten beim Wachsen, Stickstoff ist für das Wachstum der Blätter wichtig und Phosphat kommt vor allem den Wurzeln zugute.

KOMPOST

Arbeiter

Schütte ein bisschen Komposterde auf einem weißen Laken aus. Wie viele Tiere findest du?

A HAINSCHNECKE

Größe: 20–30 mm

Frisst: Salat, Gemüse und ihre Blätter

B DOPPELSCHWANZ

Größe: 5–10 mm

Frisst: kleinste Teilchen von Tieren und Pflanzen, Algen und Pilzfäden

C ROSENKÄFER

Größe: 14–20 mm

Nur die Larven leben im Kompost. Sie fressen verrottende Pflanzenteile.

D ZECKE

Größe: 1,2–15 mm

Frisst: Springschwänze, andere Milben, Larven und Eier

E REGENWURM (→ Seite 32–35)

Größe: 9–30 cm

Frisst: welke Blätter und Blumen, Erde

F ASSEL

Größe: 15–18 mm

Frisst: Streu, Holz und Laub

G HORNMILBE

Größe: 0,1–1 mm

Frisst: Springschwänze, andere Milben, Larven und Eier

H SPRINGSCHWANZ

Größe: 0,2–10 mm

Frisst: abgestorbenes Pflanzenmaterial, Aas, Kot, Pilze und Bakterien

I STEINLÄUFER

Größe: 20–40 mm

Frisst: Fliegenlarven, Asseln und Spinnen

J NACKTSCHNECKE

Größe: 20–40 mm

Frisst: alles, manchmal sogar andere Schnecken

K PSEUDOSKORPION

Größe: 1,5–4,5 mm

Frisst: Springschwänze, Milben und Fadenwürmer

REGENWÜRMER *beobachten*

DREI GRÜNDE machen Regenwürmer unersetzlich für jeden Gärtner: Sie graben Gänge, sie fressen, sie verdauen. Das klingt erst mal nicht so besonders, aber die Gänge durchlüften den Boden und sorgen dafür, dass das Regenwasser tief in die Erde dringen kann. Beim Fressen und Verdauen verwandeln Regenwürmer Laub, trockenes Gras und andere abgestorbene Pflanzenteile in fruchtbaren Bodendünger. Denn alles, was der Wurm frisst, kommt als sogenannter Wurmhumus wieder aus ihm heraus. Wenn du eine Regenwurmstation baust, kannst du ihm bei der Arbeit zuschauen …

★ Wo ist vorn, wo hinten beim Regenwurm? Die Seite, mit der er sich aus deiner geschlossenen Hand winden will, ist vorne!

DAS BRAUCHST DU:

- leerer, sauberer Joghurtbecher
- großes Glas
- Schaufel
- Erde
- Haferflocken
- Packpapier
- Klebefilm
- Schere
- Steine

PLUS:

- Regenwürmer

„Ich mag Baby-Regenwürmer am liebsten! Die kitzeln so lustig, wenn sie über die Hand krabbeln."

1 JOGHURTBECHER-TRICK

Stell den Joghurtbecher auf den Kopf, und zwar in die Mitte des Glases. Auf diese Weise bringst du die Regenwürmer dazu, sich später möglichst nah am Glas entlangarbeiten zu müssen, wo wir ihnen dabei zuschauen können.

2 GARTENERDE & HAFERFLOCKEN

Das Glas mit Erde auffüllen. Dazwischen immer wieder eine Schicht Haferflocken als Futter einstreuen. Wenn das Glas gefüllt ist, dürfen die Regenwürmer einziehen. Du kannst sie vorsichtig aus dem Kompost fischen oder im Garten ausgraben.

3 SCHATTENPLATZ

Regenwürmer mögen kein Sonnenlicht und keine Wärme. Stell das Glas daher in den Schatten und beklebe es rundum mit Packpapier. Nimm dazu wenige Klebestreifen, denn zum Beobachten der Würmer entfernst du es wieder.

4 DECKEL DRAUF

Schneid aus dem Packpapier noch einen Kreis aus, mit dem du die Erde von oben ganz abdecken kannst. Damit sorgst du für einen zusätzlichen Lichtschutz. Beschwer das Papier mit einigen Steinen.

5 FÜTTERN & GUCKEN

Füttere die Regenwürmer alle paar Tage mit Haferflocken und welken Salatblättern. Man kann sehen, wie die Würmer sie in ihre Gänge ziehen. Wenn du sie genug beobachtet hast, lass sie in den Kompost umziehen (→ Seite 28).

PFLANZEN
Farbe

Mit Zwiebelschalen und den ersten grünen
Blättchen werden aus Eiern kleine Kunstwerke –
ganz ohne künstliche Farbstoffe.

DAS BRAUCHST DU:

- ungekochte weiße Eier
- Eierpikser
- alte Feinstrumpfhose
- Schere
- Gummibänder
- Gräser, Blätter, Blüten
- die äußeren Schalen von
  mindestens 4 braunen Zwiebeln
- Kochtopf mit etwa 2 l Fassungs-
  vermögen
- Wasser mit 2 EL Essig mit 5%iger Säure
- Esslöffel
- evtl. Öl oder eine Speckschwarte

EIER VERPACKEN: Piks zuerst die Eier
an, damit die Schale beim Kochen heil
bleibt. Zerschneide die Strumpfhosenbeine
in kleine Quadrate. Die Größe stimmt,
wenn du den Stoff fest über das Ei spannen
und an einer Seite abbinden kannst.

Auf diese Weise werden nämlich die Blättchen und Gräser befestigt. Ein Trick, der dir
die Arbeit erleichtert: Befeuchte die Blätter
kurz, dann haften sie besser auf dem Ei und
du kannst sie gut mit dem Stoff fixieren.

WICHTIG: Binde den Stoff immer an der
gegenüberliegenden Seite der Deko zusammen, damit die Blätter auch wirklich
dicht aufliegen.

EIER KOCHEN: Erst die Zwiebelschalen
10 Minuten im Essigwasser köcheln lassen,
dann die verpackten Eier mit einem Esslöffel hineingleiten lassen. Wiederum 10
Minuten kochen und noch 1 Stunde lang
im Farbbad liegen lassen. Die Eier kalt
abspülen und auspacken. Jetzt kannst du
die Schale noch mit etwas Öl oder – ganz
traditionell – mit einer Speckschwarte
einreiben. Dann glänzt sie wunderschön.

SCHMETTERLINGE
züchten

DIE GEBURT eines Schmetterlings miterleben ist ein Riesenglück. In der freien Natur hat man es leider fast nie. Wie schön also, dass man sich Eier oder Raupen auch in den Garten holen kann, um ihrer Verwandlung zuzuschauen.

Mit den Eiern ist das allerdings so eine Sache. Möchte man Schmetterlingseier der Natur entnehmen, muss man sich sehr gut auskennen, um zu wissen, ob es sich dabei ganz bestimmt nicht um eine geschützte Art handelt. Denn dann ist das Mitnehmen streng verboten. Auf der sicheren Seite bist du aber auf jeden Fall, wenn du ein paar Raupen bestellst (www.bundladen.de). Wie es genau weitergeht, wenn sie bei dir angekommen sind, das erfährst du auf den beiden nächsten Seiten.

★ Die Distelfalterraupe wird etwa 40 mm lang und ist schwärzlich mit gelben Längsstreifen. Sie hat gelbliche, verästelte Dornen.

DAS BRAUCHST DU:

- Tacker
- große Kiste, die mindestens an einer Seite offen ist
- Klettband
- Fliegennetz
- Vase

PLUS FUTTER:

- Raupen: Blätter von Disteln, Malven, Brennnesseln und Kletten
- Schmetterlinge: Distel-, Kletten- und Gartenblumenblüten zum Nektarsaugen und ein mit Zuckerwasser getränktes Papiertuch in einer Schale auf dem Boden

„Meine Schmetterlinge sind noch ein paar Tage lang im Garten geblieben. Das war schön!"

1 ZUCHTSTATION BAUEN

Tacker auf die offene Seite deiner Kiste einen Streifen vom Klettband. Schneide das Fliegennetz auf die passende Größe zu. Klebe rundum den anderen Teil des Klettbands auf und verschließe damit die Kiste.

2 PFLEGEN

Stell deine Schmetterlingsbox so auf, dass niemals direktes Sonnenlicht darauf fällt, damit es den Raupen nicht zu warm wird. Nachts kannst du eine Decke über die Kiste legen, damit die Temperatur nicht zu stark fällt.

3 FÜTTERN

Bestimmt kennst du die kleine Raupe Nimmersatt. Und tatsächlich: Raupen fressen und fressen. Sorg deshalb beim Futter immer für Nachschub. Am besten stellst du frisches Grün in eine Vase, dann hält es sich länger.

4 VERPUPPEN

Nach etwa einem Monat verpuppt sich die Raupe. 14 Tage später, wenn sich die Zeit des Ausschlüpfens nähert, färbt sich die Puppe dunkel. Wenn du die Farbe der Flügel durch den Kokon erkennen kannst, ist der Schmetterling bereit zum Schlüpfen!

5 SCHLÜPFEN

Nach dem Ausschlüpfen entfaltet der Schmetterling seine Flügel. Das macht er, indem er Blut in die Flügelvenen drückt. Und keine Sorge, die rote Flüssigkeit, die er dabei absondert, besteht nur aus überschüssiger Flügelfarbe und Gewebe, das er nicht braucht.

SCHACHBRETT
**

SCHMETTERLING,
du kleines Ding

Mit etwas Glück siehst du diese hübschen Schmetterlinge nicht nur hier, sondern auch draußen. Manchen von ihnen begegnest du allerdings nur mit richtig viel Glück, weil sie so selten vorkommen. Die kannst du an den Sternen erkennen. Ein Stern (*) bedeutet: Diesen Schmetterling sieht man ziemlich oft. Vier Sterne (****) heißt: Dieses Exemplar ist fast so selten wie ein Hauptgewinn!

**KLEINER
PERLMUTTFALTER**
****

ADMIRAL
*

TAGPFAUENAUGE
*

KLEINER FUCHS
*

ZITRONENFALTER
**

KAISERMANTEL

**

DISTELFALTER

*

SCHWALBENSCHWANZ

***

SCHORNSTEINFEGER

*

HIMMELBLAUER BLÄULING

***

AURORAFALTER

*

KOHLWEISSLING

**

LANDKÄRTCHEN

*

Sommer

JETZT IST HAUPTSAISON FÜR GÄRTNER: Vor allem dürfen sie natürlich das Gießen nicht vergessen. Allerdings ist neben aller Fürsorge auch das Genießen ganz wichtig. Hier sind ein paar Ideen für dich: Schenk dir ab und zu einen Blumenstrauß aus dem Garten. Back einen Erdbeerkuchen und lass ihn dir schmecken. Am leckersten sind natürlich Erdbeeren, die du selbst gepflanzt hast. Das geht auch im Blumentopf! Erfinde dein eigenes Limonadenrezept. Koch dir einen Tee aus Gartenkräutern. Sammle Regentropfen und schau den Wolken zu!

BARFUSS-PARCOURS
bauen

WENN MAN OHNE SCHUHE und Socken läuft, atmet man viel tiefer ein und aus. Ganz nebenbei bekommt man auch noch tolle Muskeln. Das liegt daran, dass sich bloße Füße ständig an den jeweiligen Boden anpassen müssen. Auf Straßenasphalt läuft man zum Beispiel anders als im Sand. Im weichen Gras anders als auf Steinchen. Und damit kleine Steine nicht so pieksen, macht der Körper etwas Schlaues: Er verlagert sein Gewicht automatisch auf die unempfindlichen Außenkanten der Füße und stützt sich kräftig mit den Zehen ab, sodass sich das Fußgewölbe aufrichtet. Vielleicht hast du Lust, deinen Füßen einmal einen eigenen Wohlfühlpfad zu bauen?

★ Ameisen sind auch Straßenbauer – und verbreiten auf ihren Wegen durch den Garten die Samen vieler Pflanzen.

DAS BRAUCHST DU:

- Garten- oder Malervlies
- Tuch für die Augen
- Seil

PLUS:

Material für deinen Pfad,
zum Beispiel:

- trockene Blätter
- Kastanien, Walnüsse
- Matsch
- Eicheln
- Tannenzapfen
- Tannenzweige
- Baumrinde
- Moos
- frisches Gras
- Farn
- Kieselsteine
- große Fußmatte
- Sand

„Wir haben im Sommer einen Parcours für meine Geburtstagsfeier gebaut. Und alle sind darübergelaufen!"

1 BAUEN

Verteile die Materialien in gleichmäßig großen Flächen auf dem Vlies, je nach Breite des Gewebes. Achte darauf, dass sich die aufeinanderfolgenden Materialien schön unterschiedlich anfühlen, damit die Füße viel Abwechslung bekommen.

2 ORDNEN

Manche Sachen können an den Füßen kleben bleiben und zu den anderen Stationen mitgetragen werden. Das kannst du jedoch vermeiden: Nach Sand haben sich z. B. kleine Zweige bewährt, weil der Sand dort in die Zwischenräume rieselt. Nach dem Matsch ist eine grobe Fußmatte praktisch.

3 AUSPROBIEREN

Runde Walnüsse (oder Kastanien) sind für die Fußsohlen eine echte Herausforderung. Zur Erholung geht es danach im weichen Sand und gut gepolstert auf Moos weiter. Fichtenzapfen kitzeln ganz schön!

4 NICHT GUCKEN

… nur fühlen! Wenn man nicht hören oder sehen kann, erlebt man alles viel intensiver. Das gilt auch für den Fußpfad. Wenn du nicht sehen kannst, was dich als Nächstes erwartet, ist die Spannung viel größer. Führt euch deshalb gegenseitig auch mit verbundenen Augen über den Parcours. Uuuuaahhhhhh …

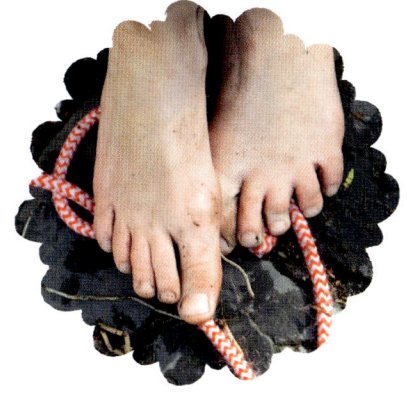

5 SEIL VERKNOTEN

Es ist gar nicht so leicht, mit den Füßen Knoten zu machen. Probier's mal aus. Mit etwas Geduld schaffst du es bestimmt. Ein gutes Fußtraining ist es obendrein!

WASSER
Geheimnis

Wer hätte das gedacht? Beim Gießen ist vor allem eines wichtig: genaues Hinschauen!

GIESSEN – GEWUSST WIE. Am besten gießt du morgens, wenn es noch kühler ist. Dann verdunstet das Wasser noch nicht so schnell und kann tief in den Boden eindringen. Notfalls kannst du auch abends gießen. Aber Achtung im Gemüsebeet: Mit dem abendlichen Gießen lockst du Schnecken an!

NIE BEI PRALLER SONNE gießen. Und falls es sich nicht vermeiden lässt, dann achte darauf, dass Blüten und Blätter nicht nass werden. Jeder Wassertropfen wirkt in der direkten Sonne nämlich wie eine Linse, die die Sonnenstrahlen bündelt und die Pflanze verbrennt.

NUR DEN WURZELBEREICH wässern und nicht die oberirdischen Pflanzenteile. Damit sparst du Wasser und sorgst auch noch gut für deine Pflanzen. Würden sie ständig nass werden, gelangt zu viel Feuchtigkeit zwischen die Blätter, was den Befall mit Pilzen und Schimmel fördert.

LIEBER SELTEN UND KRÄFTIG als oft ein bisschen gießen. Das Wasser kann dadurch in den Boden einsickern und dort dann von den tiefer reichenden Wurzeln aufgenommen werden. So förderst du das Tiefenwurzel-Wachstum – und machst die Pflanze auf diese Weise besonders stark.

SOMMER
Blumen

Wenn du ein eigenes Beet im Garten besitzt, dann willst du garantiert ein paar Blumen pflanzen. Und damit es immer schön bunt ist, lohnt es sich, ein paar Sorten auszusuchen, die entweder besonders früh oder erst spät blühen. Falls du am liebsten etwas ganz schnell wachsen sehen willst, nimm unbedingt Zinnien. Sie sprießen schon nach drei Tagen!

MARGERITE
Mai – Oktober

VERGISSMEINNICHT
April – Juni

LUPINE
Juni – August

ZINNIE
Juli – Oktober

LÖWENZAHN
April – Juni, manchmal noch August – Oktober

GÄNSEBLÜMCHEN
März – Oktober

SONNENBLUME
Juli – Oktober

MOHNBLUME
Mai – Juli

RINGELBLUME
Juni – November

COSMEA
Juni – Oktober

VEILCHEN
Februar – April

MALVE
Mai – September

INSEKTEN-HOTEL *vermieten*

LOCK WILDBIENEN, Wegwespen und Florfliegen in den Garten! Diese sogenannten Nützlinge bestäuben Blüten oder fressen Schädlinge wie Mücken und Blattläuse. In der freien Natur legen sie ihre Eier in Bohrgänge von Käfern und Höhlungen. Aber morsche Bäume gibt's in Gärten nur noch selten. Bau ihnen deshalb ein paar Brutstätten. Es muss ja nicht gleich ein ganzes Hotel sein wie im Bild rechts. Kleinere Insektenwohnungen sind in nicht mal zwei Stunden fertig und erfüllen den Zweck genauso gut. Späterer Anbau nicht ausgeschlossen!

★ Die leuchtend grünen Florfliegen sehen toll aus und sind wichtig im Garten: Sie ernähren sich nämlich von Blattläusen!

DAS BRAUCHST DU:

- Bohrmaschine
  (Bohrer von 4 bis 8 mm)
- unbehandelte Holzstücke
- Stöckchen
- 2,5 kg Soft-Ton
- ein Stück Draht
- Stroh
- Reisig
- kleine Tontöpfe
- reißfester Bindfaden

„Ich habe meine Insektenwohnung direkt am Schuppen aufgehängt. Der Andrang war ganz schön groß!"

1 LECKER FUTTER

Keine Sorge, diese Insekten fallen nicht über dein Kuchenstück her. Damit sie aber genug Futter finden, kann man an einigen Stellen seltener den Rasen mähen. So können nämlich die Gräser blühen, worüber sich Hummel & Co. genauso freuen wie über Brennnesseln in der Gartenecke.

2 SCHLUPFWESPEN-WOHNUNGEN

Einzeln lebende Wildbienen und Schlupfwespen wohnen gern in Löchern, die schnell gemacht sind. Bohre z. B. in einen unbehandelten Holzklotz verschieden tiefe Löcher mit unterschiedlichem Durchmesser. Oder piks mit unterschiedlich dicken Stöckchen Löcher in einen Klotz aus Soft-Ton. Dieser Ton wird an der Luft schön fest. Du kannst die Klötze zum Aufhängen mit einem Stück Draht umwickeln.

3 FLORFLIEGEN-APPARTEMENTS

Gärtner lieben Florfliegen, weil die wiederum so gerne Blattläuse mögen. Für die Florfliegen füllst du Reisig, Heu, Stroh oder Holzwolle in unglasierte Tontöpfe. Dazu kannst du z. B. Birkenzweige oder Stroh kurz schneiden und mit einem Bindfaden zusammenschnüren. Den Faden ziehst du anschließend durch das Bodenloch des Topfes und hängst ihn mit der offenen Seite nach unten auf.

4 GUTE PLÄTZE

Häng die Insektenwohnungen so auf, dass du die Bewohner beobachten kannst, ohne sie zu stören. Perfekt ist ein warmer, geschützter, von der Wetterseite abgewandter Platz. Pralles Sonnenlicht bitte meiden!

KOPFSTAND
Tomaten

Wenn du deine Tomaten kopfüber anbaust, kannst du zu deinen Freunden sagen: „Meine Tomaten machen Kopfstand. Wetten?"

DAS BRAUCHST DU:

- 1 leere 1,5- oder 2-l-Flasche
- Schere
- breites Klebeband
- Tomatensetzling
- Esslöffel
- gute Erde
- Messer
- Draht

UND SO GEHT'S: Schneide in der Nähe des Bodens mit der Schere ein 5 cm großes Loch seitlich in die Flasche. Beklebe die ganze Flasche dann mit dem Klebeband, denn zu viel Licht schadet den Wurzeln. Schneide nach dem Bekleben das Loch in der Nähe des Flaschenbodens wieder frei. Das brauchst du zum Befüllen und später zum Gießen. Schiebe den Tomatensetzling kopfüber durch das große Loch und lass die Pflanze langsam nach unten rutschen. Bestimmt schaut dann ein Blättchen aus dem Flaschenhals heraus. Zieh ganz vorsichtig daran, bis die ganze Pflanze herausschaut und nur noch der Wurzelballen in der Flasche steckt. Befülle die Flasche mithilfe eines Esslöffels mit guter Erde. Pikse zum Schluss noch mit dem Messer zwei kleine Löcher in den Flaschenboden. Dadurch ziehst du ein etwa 6 cm langes Stück Draht. Verdrehe die Drahtenden miteinander. So erhältst du eine Schlaufe, an der du deinen Tomatenbehälter aufhängen kannst. Hänge die Flasche an einen sonnigen, überdachten Platz. Nach 24 Stunden kannst du schon sehen, wie sich die Pflanze nach dem Licht ausrichtet. Immer gut gießen – Tomaten brauchen viel Wasser!

GARTEN
Vögel

Turnt da eine Kohlmeise im Apfelbaum herum? Oder trällert gerade eine
Singdrossel ihr Lied? Na, wie gut kennst
du dich mit den Vögeln im Garten aus?
Auflösungen auf der nächsten Seite!

E

F

G

H

I

Frag auch mal bei deinen Freunden nach und findet gemeinsam heraus, welche Vögel ihr kennt.

TSCHILP *Konzert*

In einem Garten mit vielen Vögeln ist immer was los! So kannst du ganz leicht dafür sorgen, dass sich bei dir die unterschiedlichsten Arten zu Hause fühlen:

A WACHOLDERDROSSEL

Drosseln lieben alten Baumbestand. Lasst deshalb euren alten Pflaumenbaum stehen, auch wenn er nicht mehr so viele Früchte trägt.

B RAUCHSCHWALBE

In Ziergärten finden Rauchschwalben kein Baumaterial für ihre Nester. Bau ihnen eine Lehmpfütze, die du stets feucht hältst.

C AMSEL

Amseln fühlen sich überall wohl. Aber wenn die Jungvögel ihr Nest verlassen, sind sie eine leichte Beute für Katzen. Dann lass deinen Stubentiger ein paar Tage im Haus.

D KOHLMEISE

Kohlmeisen freuen sich sehr, wenn du ihnen einen Nistkasten anbietest.

E MAUERSEGLER

Diese ortstreuen Vögel kehren immer wieder zurück. Aber sie akzeptieren bei Bedarf auch fertige Nistkästen, wenn diese in 6 m Höhe angebracht sind.

F ROTKEHLCHEN

Mit verwilderten Ecken im Garten kannst du den Rotkehlchen ein schönes Zuhause bieten.

G KLEIBER

Kleiber lieben alte Laub- und Mischwälder, in denen sie Baumhöhlen finden können. Im Garten freuen sie sich über Nistkästen.

H HAUSSPERLING (SPATZ)

Diese kleinen Vögel brauchen reichlich Futter. Daher tust du ihnen einen Gefallen, wenn du ein Insektenhotel baust. Die Anleitung dazu findest du auf → Seite 56/57.

I BLAUMEISE

Frisch angelegte Gärten sind nichts für Blaumeisen, weil ihnen die älteren Bäume mit natürlichen Höhlen fehlen. Dann kannst du sie jedoch mit einem Meisenkasten in den Garten locken. Der ist perfekt, wenn der Durchmesser des Einfluglochs gerade mal 26 bis 28 mm beträgt.

WASSER-RAD
zimmern

HAST DU LUST, einen freien Tag in einen Erlebnistag zu verwandeln? Dann bau doch erst ein Wasserrad und danach noch einen Staudamm.

Natürlich kannst du das Wasserrad auch einfach in die Strömung eines fließenden Gewässers stellen. Auf diese Weise wird es sich aber nur langsam drehen. Tempo kommt dann in die Sache, wenn der Wasserstrahl von oben auf die Brettchen trifft. Dazu brauchst du den Staudamm. Von ihm fällt das Wasser runter und durch die Fallhöhe wird die Wasserkraft besser ausgenutzt. Wichtig ist dabei allerdings, dass die Brettchen unten nicht ins Wasser ragen – das würde sie bremsen.

★ Zecken leben in Wald und Wiesen. Such deinen Körper deshalb immer nach den Blutsaugern ab, wenn du draußen warst.

DAS BRAUCHST DU:

- Obst- oder Gemüsekiste
- Taschenmesser
- Zange
- Säge
- Schraubstock
- Lineal oder Zollstock
- Nägel und Hammer
- Astgabeln

„Wenn das Rad fertig gebaut ist, teste ich immer, ob es sich auch gut dreht. Wenn man es anpustet, sieht man das sofort!"

1 KISTE VORBEREITEN

Entferne die Tackerklammern aus der Obstkiste, indem du die Enden mit einem Messer hochbiegst und dann die Klammern mit einer Zange aus dem Holz ziehst. Zerlege die Kiste auf diese Weise in ihre Einzelteile.

2 BRETTER SÄGEN

Für das Wasserrad brauchst du drei oder vier gleich große Brettchen. In der Breite können die Kistenbretter so bleiben, wie sie sind. In der Länge kürzt du sie mit der Säge jeweils auf etwa 10 – 12 cm.

3 KANTHOLZ KÜRZEN

Neben den Brettern brauchst du noch eine der Verstrebungen der Kiste für dein Wasserrad. Säge dieses Kantholz so ab, dass es etwa 4 cm länger ist als die Brettchenbreite.

4 NAGELN

Anschließend die Brettchen mit kleinen Nägeln mittig an die Seiten des Kantholzes nageln. Fertig? Dann in die Mitte der beiden Kantholzenden je einen längeren Nagel schlagen. Wichtig: Versenke von diesen langen Nägeln nur das vordere Drittel im Holz.

5 AUSPROBIEREN

Lege die überstehenden Nagelenden zur Probe in die Astgabeln und puste gegen die Brettchen. Perfekt, wenn sich das Rad schön dreht und nichts hakt. Sonst nachbessern!

SCHNITZER
Wissen

Lass dir ein gutes Messer schenken und nimm dir ein bisschen Zeit, um damit zu üben.

DAS BRAUCHST DU: Fang mit einem Kinderschnitzmesser an. Und keine Sorge, das ist nicht uncool und auch kein Spielzeug. Abgesehen von der Größe unterscheidet es sich nur in einem Detail von einem normalen Fahrtenmesser: Es hat eine abgerundete Spitze. Außerdem wichtig: Nimm ein Messer mit feststehender Klinge, weil es besser in der Hand liegt als ein Taschenmesser.

SCHNITZER-GRUNDWISSEN: Ganz wichtig ist das richtige Holz. Birke und Linde sind für die ersten Schnitzversuche ideal. Sehr weiche Hölzer wie Fichte oder Tanne lassen sich nur schwer bearbeiten, weil sie ausfransen. Profis machen übri-

gens immer erst mal einen Material-Check: Wie fühlt sich das Holz an? Hart oder weich? Feucht oder trocken? Von welchem Baum stammt es?

SO GEHT'S LOS: Um die Rinde vom Ast abzuschaben, setzt du die Klinge schräg auf. Ganz wichtig: immer in Längsrichtung vom Körper weg schnitzen! Die Bewegung kommt dabei aus dem Handgelenk, nicht aus der Schulter.

SCHNITZIDEEN: Egal, ob es ein Speer, ein Pfeil oder eine Schlange geworden ist: Du kannst das Kunstwerk mit Schmirgelpapier, Farbe, Federn, Schnüren, Draht oder Steinen verschönern.

MINITEICH
anlegen

★

WASSER IST GROSSARTIG. Das gilt natürlich auch im Garten. Vielleicht hast du daher Lust, einen kleinen Teich anzulegen? Eine Ruck-zuck-fertig-Idee siehst du auf dem Bild auf der rechten Seite. Dafür brauchst du nur eine Wanne oder einen Mörteltrog, genügend Wasser und – damit es hübsch aussieht – ein paar Blüten. Du kannst aber auch einen echten Teich in einem solchen Behälter anlegen. Damit tust du dann auch nützlichen Tieren wie Libellen oder Wasserläufern einen Gefallen. Was du darüber wissen musst, findest du auf den beiden nächsten Seiten.

★ Nein, Libellen stechen nicht! Du kannst sie in Ruhe betrachten, falls sich mal eine auf dir niederlässt.

DAS BRAUCHST DU:

- großer Trog
- Wasser aus der Regentonne
- Gießkanne
- schwere Steine
- gewaschener Kies aus dem Gartenbau
- Aquarium-Kescher

PLUS:

- Wasserpflanzen

TIPP:

Der ideale Zeitraum, um einen Miniteich anzulegen, ist von April bis September.

„Ich habe meine Pflanzen im Flusswasser nach Hause gebracht. So konnten sie unterwegs nicht austrocknen."

1 EIN GUTER PLATZ

Bevor du deinen Trog mit Steinen und Wasser befüllst, suchst du für ihn einen Ort, der ein bisschen Sonne bekommt. Außerdem sollte der Platz weit weg von überhängenden Bäumen liegen, damit sich deine Wasserpflanzen wohlfühlen.

2 DAS PERFEKTE WASSER

Ideal ist Wasser aus der Regentonne. Leitungswasser funktioniert notfalls auch. Lass es aber erst zwei Tage lang in der Gießkanne stehen, bevor du dein Pflanzbecken damit befüllst. So können Chlor und andere Chemikalien entweichen, die den Pflanzen schaden würden.

3 WICHTIGE VORBEREITUNGEN

Leg zuerst große Steine in deinen Trog, damit er nicht umkippen kann. Schichte sie bis etwa 20 cm unterhalb des Randes. Darauf kommt noch ein Bett aus Kies, damit die Pflanzenwurzeln Halt finden.

4 DIE OPTIMALE PFLANZTIEFE

Wenn du Pflanzen aus der Natur mitgenommen hast, merk dir genau, wie tief sie im Wasser gestanden haben. Diese Tiefe ist auch jetzt ideal.

5 GUTE PFLEGE

Dein Teich ist nicht nur mini, er braucht auch nur minimale Pflege. Wenn es im Sommer sehr trocken und heiß ist, fülle regelmäßig Regenwasser nach. Und halte das Wasser mit einem Aquarium-Kescher immer schön sauber. Falls deine Wasserpflanzen zu groß werden, solltest du sie im Herbst kürzen oder teilen.

WASSER
Labor

Viele Forscherwerkzeuge kann man selbst bauen.
Also Ärmel und Hosenbeine hochkrempeln –
und auf zum nächsten Gewässer!

DAS BRAUCHST DU:

- Schere
- leerer, großer Joghurtbecher ohne Deckel
- Frischhaltefolie
- Haushaltsgummi
- breites Klebeband

UND SO GEHT'S: Schneide mit der Schere den Boden aus dem Joghurtbecher heraus. Dann spannst du ein Stück Frischhaltefolie über die gegenüberliegende Fläche. Also dorthin, wo vorher der Deckel gesessen hat. Fixiere die Folie mit einem Haushaltsgummi. Das hält sehr gut direkt unter dem Becherrand. Achte darauf, dass du die Folie auch wirklich schön straff über dem Becher befestigst, damit du später gut hindurchsehen kannst. Klebe zusätzlich noch einen Streifen Klebeband über das Gummi, dann kann wirklich nichts mehr verrutschen.

LOSFORSCHEN: Jetzt brauchst du nur noch ein Gewässer. Das kann die Regentonne im Garten sein, zur Not funktioniert natürlich auch erst mal die Badewanne. Besonders spannend ist jedoch ein See oder Fluss. Aber egal, wo du es ausprobierst: Die Folie funktioniert wie ein Fenster, wenn du den Becher vorsichtig ins Wasser drückst und dabei darauf achtest, dass kein Wasser von oben in deinen Wasserbeobachter hineinläuft.

LIMONADE
machen

GÄRTNERN HEISST nicht nur, sich die Hände schmutzig zu machen, sondern auch, mal nichts zu tun und zu genießen – z. B. die selbst geernteten Kräuter. Dabei ist es egal, ob sie aus dem Garten kommen oder von der Fensterbank, man kann immer was Leckeres daraus machen. Eine selbst gemachte Limonade (Rezept auf der nächsten Seite) schmeckt so gut, dass kein Softdrink der Welt mithalten kann. Und weil Kräuter stets viel üppiger gedeihen, als man sie verbrauchen kann, bleiben noch welche zum Trocknen übrig. Auch das ist ganz einfach!

★ Zitronenmelisse gedeiht am besten an einem sonnigen, windgeschützten Platz mit durchlässigem, humusreichem Boden.

DAS BRAUCHST DU:

- Küchenmesser
- Schneidebrettchen
- Zitronenpresse
- große Karaffe

PLUS:

- 5 Bio-Limetten oder -Zitronen
- 2 EL flüssiger Honig
- Zweige von Zitronen-melisse, Waldmeister und Pfefferminze
- Mineralwasser
- Eiswürfel
- Blütenblätter
- dunkle Gläser

„Meine Lieblingsminze für selbst gemachte Limonade heißt Spearmint. Sie riecht tatsächlich wie Kaugummi!"

1 VORBEREITEN

Zitrusfrüchte waschen und halbieren. Aus einer Hälfte vier Scheiben schneiden, zur Seite legen. Die restlichen Hälften auspressen und den Saft in die Karaffe füllen.

2 GENIESSEN

Den Honig mit dem Zitronensaft verrühren. Anschließend die Zitrusscheiben und die gewaschenen Kräuter in die Karaffe legen und mit Mineralwasser auffüllen. Eiswürfel dazugeben und ein paar Minuten ziehen lassen. Mmmhh …

3 TEEKRÄUTER

Ob Zitronenmelisse, Minze oder Kamille – mit heißem Wasser aufgegossen, steigen einem gleich wunderbare Düfte in die Nase. Lecker und wunderschön dazu: getrocknete Blütenblätter von Ringelblumen, Kornblumen, Rosen oder Holunder.

4 SAMMELN

Wenn du Kräuter zum Trocknen sammeln willst, dann machst du das am besten morgens an einem sonnigen Tag. Wichtig ist, dass die Kräuter nicht nass vom Tau oder einem Regenschauer sind. Breite die Kräuter zum Trocknen so aus, wie es auf → Seite 103 beschrieben wird.

5 AUFBEWAHREN

Zum Aufbewahren sind dunkle Gläser perfekt, weil sie deine Kräuter vor schädigendem UV-Licht schützen.

APFEL
& Co.

Mmmhh, das sind die Superstars im Garten.
Wie viele Sorten kannst du von diesen
Früchten benennen? Einfach mal umblättern,
dann findest du alle Namen!

Wie heißt deine Lieblingsobstsorte? Und was magst du nicht so gern?

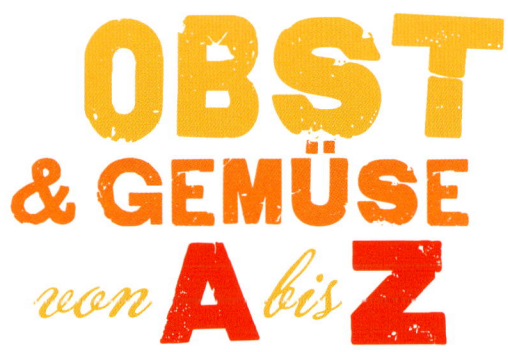

OBST & GEMÜSE von A bis Z

20 APFEL

Ursprünglich kommen Äpfel aus Südostasien. In unseren Gärten wachsen rund 2000 verschiedene Sorten.

→ *Apfelzeit: Mitte Juli bis Oktober*

9 APRIKOSE

Die gelbe Steinfrucht stammt wahrscheinlich aus China. Sie mag viel Sonne und wird deshalb bei uns nicht immer reif.

→ *Aprikosenzeit: Juli und August*

18 AUBERGINE

Auberginen stammen vermutlich aus Ostindien. Meist sind sie violett, aber es gibt auch weiße Auberginen.

→ *Auberginenzeit: Juli bis Oktober*

1 BIRNE

Birnen kommen wie die Äpfel ursprünglich aus Asien und wachsen heute in der ganzen Welt.

→ *Birnenzeit: August bis Oktober*

16 BROMBEERE

Brombeeren sind auf der ganzen Nordhalbkugel beheimatet. Jede Beere besteht aus winzigen Steinfrüchtchen.

→ *Brombeerzeit: August bis Oktober*

21 ERDBEERE

Die ersten Erdbeerpflanzen kamen im 17. Jahrhundert aus Amerika zu uns. Der leckere Teil ist nur eine Scheinfrucht, die Früchte sind die Kernchen auf der Oberfläche.

→ *Erdbeerzeit: Juni bis Juli*

3 4 GURKE

Ob Einlege- oder Schmorgurke (3) oder Schlangengurke (4), die Stammpflanze war schon vor 3000 Jahren in Indien und Ägypten bekannt.

→ *Gurkenzeit: Juni bis September*

10 HEIDELBEERE

Sie wächst in Nordamerika, Nordwestasien und in Mittel- und Nordeuropa.

→ *Heidelbeerzeit: Juni bis August*

13 HIMBEERE

Himbeeren wachsen wie die anderen Beeren auf der gesamten Nordhalbkugel. Sie haben eine samtige Oberfläche.

→ *Himbeerzeit: Juni bis Oktober*

12 JOHANNISBEERE

Diese Beere stammt aus Europa und wird seit dem 15. Jahrhundert angebaut.

→ *Johannisbeerzeit: Juni bis August*

11 JOSTABEERE

Jostabeeren sind eine Kreuzung aus Schwarzen Johannisbeeren mit Stachelbeeren.

→ *Jostabeerenzeit: Mitte Juni bis Juli*

5 KIRSCHE

Ob süße oder saure Sorten: Sie gehören zu den ältesten Obstpflanzen der Welt.

→ *Kirschenzeit: Juni bis August*

7 KÜRBIS

Der Kürbis wurde bereits vor mehr als 10 000 Jahren von den Indios in Peru angebaut.

→ *Kürbiszeit: Herbst, vor dem ersten Frost*

14 MIRABELLE

Die süße Frucht gehört zu den Pflaumen und wird auch gelbe Zwetschge genannt.

→ *Mirabellenzeit: Mitte August bis Anfang September*

8 PFLAUME

Woher sie stammt, ist nicht eindeutig geklärt, sie wächst nahezu weltweit.

→ *Pflaumenzeit: August bis September*

17 QUITTE

Sie kommt aus dem Kaukasus. Die Sorten aus unseren Gärten kann man roh nicht essen, aber als leckere Marmelade.

→ *Quittenzeit: Oktober bis November*

19 STACHELBEERE

Sie stammt vermutlich aus dem Himalaja und wird seit dem 14. oder 15. Jahrhundert bei uns kultiviert.

→ *Stachelbeerzeit: Mitte Juni bis August*

15 TOMATE

Die verdanken wir den Indianern und Christoph Kolumbus, der die Samen nach Europa brachte.

→ *Tomatenzeit: Mai bis September*

6 WEINTRAUBE

Die Weintraube ist schon so alt, dass man gar nicht genau sagen kann, woher sie eigentlich kommt. Vermutlich aber aus Mittelasien.

→ *Weinlese: Mitte September bis Dezember*

2 ZUCCHINO

Zucchini gehören zu den Gartenkürbissen. Sie stammen ursprünglich aus Mittelamerika. Bei uns gibt es sie erst seit rund 30 Jahren.

→ *Zucchinizeit: Mitte Juni bis zum ersten Frost*

PFLAUMEN
Ernte

Pflaumen ernten macht Spaß. Pflaumen essen noch viel mehr! Am liebsten direkt vom Baum oder frisch vom Kuchenblech.

DAS BRAUCHST DU FÜR DEN TEIG:

- 1,5 kg Pflaumen
- 1 Päckchen Backpulver
- 300 g Mehl
- 150 g Quark
- 6 EL Öl
- 1 Ei
- 4 EL Milch
- 80 g Zucker
- 1 Prise Salz
- 1 TL Vanillezucker
- Fett fürs Blech
- 20 g zerlassene Butter
- Mandelstifte, Zucker zum Bestreuen

PLUS:

- Küchenmesser, Rührschüssel, Mixer
- Backblech, Teigroller, Pinsel

SO GEHT'S: Zuerst halbierst du deine Pflaumen mit einem Küchenmesser. Nimm den Stein raus und schneide die Hälften in Viertel. Misch das Backpulver unter das Mehl und stell es zur Seite. Verrühre Quark, Öl, Ei, Milch, Zucker, Salz und Vanillezucker mit dem Mixer. Nach und nach das Mehl mit dem Backpulver dazugeben. Zum Schluss mit den Händen einen glatten Teig kneten. Fette das Backblech ein, roll den Teig darauf aus und bepinsel ihn mit der zerlassenen Butter. Leg die Pflaumen schön dicht auf den Teig und bestreue sie gleichmäßig mit den Mandelstiften. Ab in den auf 200 Grad vorgeheizten Ofen und 30 Minuten backen. Reichlich Zucker drauf und mmmhhh …

MARMELADE
kochen

KONFITÜRE KAUFEN ist einfach, aber selber machen ist auch nicht viel schwieriger! Alles, was du dazu brauchst, findest du im Garten oder auf dem Markt: Egal, ob Erdbeeren, Himbeeren, Kirschen und Johannisbeeren, Äpfel oder Birnen, dein Lieblingsobst kannst du einzeln, aber auch bunt gemischt verarbeiten.

Am besten kochst du erst mal nach Rezept und erfindest dann eigene Gelee- und Marmeladensorten.

Vergiss dann aber nicht, beim Kochen mitzuschreiben, wie du es gemacht hast – es wäre doch schade, wenn sich eine besonders gelungene Mischung später nicht mehr nachkochen ließe!

★ Je kleiner ein Kirschbaum, desto schneller bringt er Erträge. Und je kürzer sein Baumstamm, desto geringer die Lebensdauer.

DAS BRAUCHST DU:

- Messer
- Schüssel
- Topf
- Sieb
- sauberes Küchentuch
- Messbecher
- Marmeladengläser

DEINE ZUTATEN:

- je 1,2 kg Erdbeeren und Himbeeren
- 4 EL Zucker
- 250 ml Wasser
- 2–3 Frühäpfel
- 1,5 kg Gelierzucker 2:1
- 1 Zitrone

TIPP:

Weil es beim Kochen immer heiß hergeht, solltest du dir hier helfen lassen!

„Selbst gemachte Marmelade esse ich am liebsten auf Toastbrot. Das schmeckt sogar im Winter nach Sommer!"

1 WASCHEN UND MARINIEREN

Brause beide Beerensorten vorsichtig ab und entferne alle Blättchen. Schneide die Früchte klein und mische sie in der Schüssel mit Zucker und Wasser. Zudecken und 1 Stunde im Saft ziehen lassen.

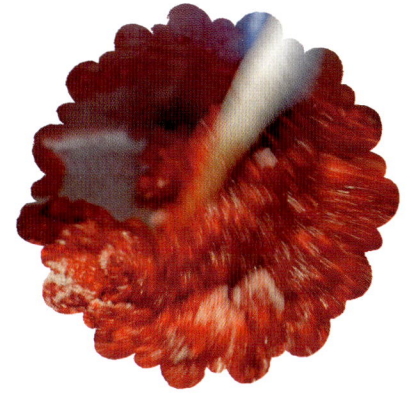

2 SAFT VORBEREITEN

Wasche die Äpfel und schneide sie samt Kerngehäuse klein. Gib die Stücke mit der Beerenmischung in einen Topf und lass alles unter Rühren bei geringer Hitze ca. 15 Minuten köcheln.

3 ABGIESSEN

Gieß den Früchtebrei durch ein Sieb, das du zuvor mit einem sauberen Trockentuch ausgelegt hast. Lass den Saft langsam in eine untergestellte Schüssel laufen. Zum Schluss die Fruchtmasse ganz leicht ausdrücken, aber nicht quetschen, sonst wird das Gelee trübe!

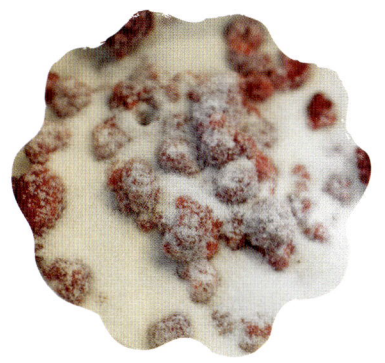

4 EINKOCHEN

Miss den Saft ab und mische ihn mit Gelierzucker im Topf. (Wichtig: auf 900 ml Saft nimmt man 500 g Gelierzucker!) Rühre den Saft einer Zitrone unter und lass alles bei starker Hitze unter ständigem Rühren 4–5 Minuten kochen.

5 ABFÜLLEN

Dann sofort in saubere Twist-off-Gläser füllen und fest verschließen. Stell die Gläser zum Abkühlen für ca. 20 Minuten auf den Deckel, danach kannst du sie umdrehen und vollständig auskühlen lassen.

Herbst

JETZT IST ERNTEZEIT! Aber wohin mit all den guten Dingen? Gartenkräuter kannst du z. B. an einem Bügel aus der Reinigung aufhängen. Spanne einen langen Bindfaden durch die Küche und fädle Apfelringe zum Trocknen daran auf. Denk daran, ein paar Sorten Blumenzwiebeln im Garten und in Töpfen zu pflanzen. Worauf du dabei achten musst, kannst du auf den → Seiten 113 – 115 nachlesen. Sammle und presse deine Lieblingsblüten. Wenn die Tage draußen ungemütlich werden, kannst du mit den Blütenblättern ein Bild gestalten.

IM BLUMENTOPF *backen*

WER SAGT EIGENTLICH, dass Blumentöpfe nur zum Bepflanzen da sind? Darin geht auch leckerer Hefeteig auf. Allerdings müssen die Töpfe super-sauber sein. Und noch etwas ist wichtig: Denk vor dem Backen daran, dass die Töpfe mindestens eine halbe Stunde lang gewässert werden müssen. Sie würden sonst beim Backen im Ofen zerspringen. Zum Wässern nimmst du eine Schüssel, die so groß ist, dass alle Töpfe bequem hineinpassen. Leg die Töpfe vorsichtig in die Schüssel. Dann gießt du so viel Wasser hinein, dass alle Töpfe ganz bedeckt sind und sich vollsaugen können.

★ Falls du dem Weizen mal beim Wachsen zusehen willst: Steck im September Körner aus dem Bioladen in die Gartenerde!

DAS BRAUCHST DU:

- Rührschüssel
- Mixer mit Knethaken
- Küchentuch
- 8 kleine Tontöpfe
- Backpinsel
- etwas Öl
- Backpapier, Schere

FÜR DEN TEIG:

- 450 g Weizenmehl
- 1 TL Salz, 1 TL Zucker
- 1 Päckchen Trockenhefe
- 150 ml warme Milch
- 1 geschlagenes Ei
- 1 TL Olivenöl
- 100 – 150 ml warmes
  Wasser

„Damit das Brot schön aussieht,
streue ich noch Sonnenblumenkerne,
Sesam oder Mohn drauf.
Und manchmal alles zusammen."

1 RÜHREN UND KNETEN

Misch Mehl, Salz, Zucker und Hefe in der Schüssel. Drück eine Mulde in das Mehl und gieß Milch, Ei und Olivenöl hinein. Gib nach und nach das Wasser zu und knete die Zutaten gut durch – erst mit den Knethaken, dann mit den Händen.

2 GEHEN LASSEN

Mach aus dem Teig eine Kugel und deck die Schüssel mit dem Küchentuch ab. Warte, bis sich der Teig verdoppelt hat. Wenn du ihn leicht mit dem Handrücken eindrückst und er wieder in seine ursprüngliche Form zurückgeht, ist er fertig.

3 TÖPFE ÖLEN

Trockne die Tontöpfe leicht ab und bepinsel die Innenseiten sorgfältig mit Öl. Schneide aus dem Backpapier so breite und lange Streifen aus, dass du die Töpfe damit auskleiden kannst. Auf die Topfböden kommen passend geschnittene Kreise.

4 BACKPAPIER SCHNIPPELN

Knete den Teig noch einmal durch und teile ihn in acht gleich große Stücke. Forme Kugeln daraus und lege jeweils eine in die Töpfe. Sie sollten etwa die Hälfte füllen. Noch einmal unterm Küchentuch gehen lassen, bis sich der Teig wieder verdoppelt hat.

5 BACKEN

Heiz den Backofen auf 190 Grad (Umluft 170 Grad, Gas Stufe 5) vor. Die kleinen Brote brauchen nur 15 – 20 Minuten, bis sie goldbraun gebacken sind und aus dem Ofen heraus können. Nach 5 Minuten die Brote aus dem Topf nehmen und abkühlen lassen. Mmmhhhh …

WINTER
Gemüse

Winterharte Gemüse liefern auch dann noch frische Vitamine, wenn es draußen schon richtig kalt ist.

DIE MÜSSEN JETZT RAUS: Möhren, Rüben und alle anderen Sorten, von denen jeweils der Teil verzehrt wird, der unter der Erde wächst.

DIE KOMMEN IN DEN KELLER: Chinakohl, Zuckerhut, Weiß- und Rotkohl werden zur Lagerung mitsamt dem Wurzelballen geerntet. Wickel die einzelnen Köpfe in Papier ein. Im Keller halten sie bis ins nächste Jahr.

DIE DÜRFEN NOCH BLEIBEN: Porree, Grün- und Rosenkohl, Schwarzwurzel,

Radicchio und mit Laub abgedeckter Mangold halten es bis zum Frost aus. Kündigen sich jedoch tiefere Minusgrade an, müssen sie schnell geerntet werden.

DAS SIND DIE GANZ HARTEN: Grünkohl schmeckt erst richtig gut, wenn er etwas Frost abbekommen hat. Spinat und Winterzwiebeln lassen sich auch noch bis in den Frühling ernten. Feldsalat darf im Frühbeetkasten oder unter Plastikglocken ebenfalls den ganzen Winter draußen bleiben. Auf den nächsten Seiten steht, wie man sie ganz leicht selbst machen kann.

GEWÄCHSHAUS
schneiden

DIE UMWELT SCHONEN ist gar nicht so schwer: Man kann z. B. darauf achten, dass man in der kalten Jahreszeit möglichst selten weit gereiste Salate im Supermarkt kauft. Wie wär's daher mit frischem Grün aus eigenem Anbau? Alles, was du brauchst, sind ein paar Gewächshäuser. Und falls du dich jetzt fragst, wo du die herbekommen sollst, dann befindet sich die Lösung ganz in deiner Nähe. Du brauchst nämlich nur ein paar leere Plastikflaschen! In wenigen Minuten kannst du daraus Mini-Gewächshäuser zaubern – und deine Pflanzen können einziehen.

★ Pflanz Postelein unter den Flaschen. Dieser Wintersalat schmeckt superlecker und versorgt dich mit viel Vitamin-Power!

DAS BRAUCHST DU:

- große Plastikflaschen mit Verschluss
- Sägemesser
- Schere

PLUS:

- kleine Wintersalat-Pflänzchen

ACHTUNG:

Lass dir erst mal zeigen, wie das mit dem Schneiden am besten geht. Bitte versuche es erst danach selbst.

„Wie gut, dass man zum Gärtnern so viele Sachen nutzen kann, die man sonst wegwerfen würde. Flaschen und Papprollen zum Beispiel!"

1 SCHNEIDEN

Trenn den Boden sauber mit Schere oder Messer von den Flaschen. Leg dazu die Flasche auf die Wiese. Stich mit dem Messer oder der Schere in die Flasche und trenn den Boden dann rundum gleichmäßig ab.

2 PFLANZEN SETZEN

Setz die Pflanzen in die Erde. Wie du das am besten machst, kannst du auf → Seite 27 nachlesen. Anschließend gießt du sie ein bisschen.

3 FLASCHEN AUFSETZEN

Stell die Flasche so vorsichtig über die Pflanze, dass du kein Blatt verletzt. Schieb sie durch leichtes Hin-und-Her-Drehen so tief in die Erde, dass sie auch den Wurzelbereich der Pflanze vor Bodenfrost schützt.

4 GIESSEN

Unter der Flasche bekommt der Salat kaum Regenwasser ab. Deshalb immer ans Gießen denken! Dazu die Verschluss-kappe abdrehen, vorsichtig die Pflanze von oben wässern, Flasche wieder verschließen.

5 LÜFTEN

An sonnigen, milden Dezembertagen kann es den Pflanzen unter der Flasche zu warm werden. Damit dein Salat nicht schlappmacht, dreh einfach tagsüber den Flaschendeckel zum Lüften ab und abends wieder drauf.

TROCKEN
Übung

Nutz die Kraft von Sonne und Wind, um Obst und Kräuter haltbar zu machen.

KRÄUTER: Gut geeignet sind duftende Kräuter wie Bohnenkraut, Liebstöckel, Majoran, Oregano, Pfefferminze, Rosmarin, Salbei, Thymian, Zitronenverbene.

WANN SAMMELN? Am besten an einem sonnigen Tag am späten Vormittag oder am frühen Nachmittag. Dann ist der Wassergehalt am geringsten und die Konzentration an ätherischen Ölen am höchsten.

WIE TROCKNEN? Binde die Kräuter zu kleinen Sträußen und häng sie kopfüber an einem schattigen, trockenen, luftig warmen Ort auf. Schuppen oder Speicher sind perfekt. Wichtig: Fenster öffnen, um frischen Wind reinzulassen – bei Gewitterregen natürlich schließen!

OBST: Aus Äpfeln und Birnen lässt sich prima Dörrobst machen. Trockne nur frische, ungespritzte, reife Früchte, die du vorher gewaschen hast. Steche den Äpfeln nach dem Waschen mit einem Apfelausstecher das Kerngehäuse aus. Nach dem Schälen schneidest du sie in möglichst gleich dicke Scheiben. Ein guter halber Zentimeter ist perfekt. Fädle die Apfelringe auf einen Bindfaden auf und lass sie am gleichen Platz wie die Kräuter trocknen.

NOCH EIN TIPP: Wirf die Schalen nicht weg! Du kannst sie zum Trocknen ebenfalls aufhängen oder auf Backpapier ausbreiten und später einen Wintertee damit kochen. Deine getrockneten Schätze bewahrst du am besten in Schraubgläsern auf.

SAMEN
sammeln

WENN DIE BLÄTTER an den Bäumen bunt werden, zeigen sich viele Blumen noch einmal von ihrer schönsten Seite. Und damit der Garten tatsächlich bis weit in den Herbst hinein üppig blüht, müssen alle welken Blüten an Stauden und Sommerblumen abgeschnitten werden. Lass trotzdem die ein oder andere welke Blüte stehen.

Keimfähigen Samen erhält man nämlich erst, wenn die Samenstände genug Zeit haben, ganz auszureifen. Wenn die Körner dunkel und trocken sind, kannst du mit der Ernte beginnen. Besonders leicht gelingt das übrigens bei Ringelblumen, Mohn, Sonnenblumen, Wicken, Kapuzinerkresse und Lupinen.

★ Lupinen gehören zur artenreichen Unterfamilie der Schmetterlingsblütler – genau wie Erbsen und Erdnüsse.

DAS BRAUCHST DU:

- Messer oder Schere
- Rosenschere
- Teesieb
- Pergamentpapier
- kleine Schälchen
- Butterbrottüten
- Klebeband
- Filzstift

„Ringelblumen bilden reichlich Samen, und zwar ganz lustige geringelte Kringel. Daher haben sie auch ihren Namen!"

1 FINDEN

Bestimmt gibt es davon etwas im Garten: Die Samen von Ringelblume, Cosmea, Akelei, Mohn, Wicke, Kapuzinerkresse, Sonnenblume und Studentenblume lassen sich sammeln.

2 ERNTEN

Zum Abschneiden der Samenstände oder Samenkapseln nimmst du ein scharfes Messer oder eine Rosenschere. Außerdem ist ein Teesieb praktisch. Sehr feinen Samen kannst du durch die Maschen sieben, um ihn von trockenen Samenhäuten zu trennen.

3 TROCKNEN

Breite die Blumensaat zunächst auf Pergamentpapier aus oder lass sie in offenen Schälchen trocknen. Such dafür einen warmen Platz, meide aber unbedingt die pralle Sonne!

4 EINTÜTEN

Sobald die Samen ganz trocken sind, kannst du sie in Butterbrottüten aus Pergamentpapier oder in Filtertüten umfüllen und die Tüten mit Klebeband verschließen. Vergiss nicht, sie mit Namen und Datum zu beschriften.

5 LAGERN

Ein dunkler, trockener und kühler Ort ist ideal, um die Samentütchen aufzubewahren. Unter guten Bedingungen bleiben die meisten Samen etwa drei Jahre lang keimfähig.

TRAUM Fänger

Mit trockenen Zweigen und bunten Zutaten fängst du den Traum – und hältst böse Träume von dir fern.

DAS BRAUCHST DU:

- Zweige, am besten von Haselstrauch, Weide oder Birke
- Gartenschere
- Draht- und Seitenschneider
- reißfester Faden
- Heißkleber
- Fundstücke aus der Natur wie Beeren, Gräser, Schneckenhäuser oder Moos
- Federn, Perlen oder Märchenwolle

RAHMEN BAUEN: Kürze die Zweige mit der Gartenschere auf etwa 15 cm Länge. Bündle nach dem Kürzen immer ein paar davon zusammen, je nach Stärke der Zweige. Leg auf ein Ende eines Astbündels das Ende eines anderen Bündels im Winkel zwischen 45 Grad und 100 Grad. Umwickle die Stelle fest mit Draht. Den Draht mit dem Seitenschneider abknipsen.

Diese Arbeitsschritte wiederholst du so oft, bis du den Rahmen schließen kannst.

NETZ SPINNEN: Knote am Rahmen einen Faden fest und wickle ihn auf der gegenüberliegenden Seite ein paarmal um den Rahmen. Den Faden danach einige Male um den Rahmen winden, dann führ ihn wieder so durch die Mitte des Rahmens, dass du ein Kreuz spannen kannst. Das Fadenkreuz mit einem Tropfen Heißkleber verstärken. Spann den Faden auf diese Weise immer wieder hin und her, bis eine Art Spinnennetz entsteht. Fertig? Dann den Faden am Rahmen festknoten.

SCHÖN MACHEN: In das Netz kannst du Blätter, Moos, trockene Gräser oder Märchenwolle weben und die Deko auf dem Rahmen mit Heißkleber festkleben.

ZWIEBELN & Knollen

Knollen- und Zwiebelblumen blühen
nur eine kurze Zeit, den Rest des Jahres
ruhen sie in der Erde. Botanisch gesehen
unterscheiden sich die beiden Arten sehr:
In den Zwiebeln sind Blätter, Stängel,
Blüten und Samen bereits angelegt.
Knollen dagegen dienen in der Regel
nur als Speicherorgan, aus dem sich
die spätere Pflanze ernähren kann.
Tulpe, Schneeglöckchen und Osterglocke
gehören zu den Zwiebelblumen,
während der Krokus eine Knolle hat.

TULPE
März – Mai

KROKUS
Februar – Juni

IRIS
Februar – Juli

KAISERKRONE
April – Mai

OSTERGLOCKE
März – April

BLAUE SCILLA
März – April

SCHNEEGLÖCKCHEN
Februar – März

MAIGLÖCKCHEN
April – Juni

LILIE
Mai – Juni

ZIERLAUCH
Mai – August

ZWIEBELBLUMEN *pflanzen*

★

BRRRRR... schon ganz schön frisch draußen? Dann nichts wie raus zum Blumenzwiebeln pflanzen! Die Sache ist nämlich die: Je früher du Knollen und Zwiebeln setzt, desto früher blühen sie im nächsten Jahr. Außerdem benötigen Tulpe & Co. für ihre Wurzelentwicklung eine Kälteperiode im Gartenboden.

Und wenn du schon dabei bist, denk dran, dass Zwiebelblumen, also Tulpen oder Narzissen, nicht nur im Garten wunderschön aussehen. Deshalb auch ab damit in ein paar Schalen, Blumentöpfe und Kübel, damit du im nächsten Jahr einen bunten Frühlingsgruß vor die Tür oder auf die Fensterbank stellen kannst.

★ Ab Mitte Oktober bauen Igel ihr Winternest. Es besteht aus totem Holz und Laub. Räum daher nicht zu gut im Garten auf!

DAS BRAUCHST DU:

- Zollstock
- eventuell Töpfe oder
  Balkonkasten
- kleine Schaufel
- Rindenmulch

PLUS:

- Blumenzwiebeln
  deiner Wahl
- eventuell Sand

„Kauf nur frische Blumenzwiebeln. Du erkennst sie daran, dass sie groß und fest sind. Solche, die bereits austreiben, lass im Laden!"

1 STANDORT WÄHLEN

Zwiebel- und Knollenblumen lieben die Sonnenseite im Garten. Falls du keinen Garten hast, kannst du all diese Blumen auch in nicht zu kleinen Töpfen oder im Balkonkasten ziehen. Allerdings sollte der Boden locker und nicht zu trocken sein.

2 PFLANZTIEFE MESSEN

Diese Faustregel kannst du dir merken: Zwiebeln immer doppelt so tief pflanzen, wie sie dick sind. Das heißt: Anemonen, Schneeglöckchen und Ranunkeln etwa 5 cm tief pflanzen, Hyazinthen und Tulpen etwa 10 cm tief, Lilien und Narzissen 10 – 20 cm tief.

3 BODEN VORBEREITEN

Wenn du den Boden mit der Schaufel krümelig auflockerst, denk daran, den Zwiebeln bei lehmigen oder tonigen Böden ein Bett aus Sand zu geben. Und sorg für Abstand: Zwischen große Zwiebeln und Knollen gehören 8 cm, zwischen kleinere 2 – 5 cm Platz.

4 RICHTIG HERUM EINSETZEN

Zwiebeln setzt du immer mit der Spitze, dem sogenannten Vegetationspunkt, nach oben ein. Anschließend mit humusreicher Gartenerde bedecken und diese leicht andrücken.

5 GIESSEN UND ZUDECKEN

Narzissen und andere Arten, die Feuchtigkeit lieben, gieß gleich nach dem Einsetzen. Sie wurzeln dann schneller. Deck sie zum Schutz vor Kälte mit Rindenmulch zu. Und später gilt: Der Boden sollte immer leicht feucht sein.

MOOS
Graffiti

Mit etwas Moos und Joghurt verwandelst du triste Ecken in grüne Schmuckstücke.

DAS BRAUCHST DU:

- 3 Hände voll Moos
- 120 ml Buttermilch oder Joghurt
- 1/2 TL Zucker
- Eimer
- etwas lauwarmes Wasser
- Stabmixer
- Kreide
- Borstenpinsel in verschiedenen Breiten
- Wassersprüher

ANRÜHREN: Gib das Moos, die Buttermilch oder den Joghurt, den Zucker und etwas Wasser in den Eimer und misch mit dem Stabmixer auf niedriger Stufe alles gut durch. Eventuell noch ein wenig Wasser dazugeben. Das Ganze sollte etwa so dickflüssig wie Trinkjoghurt sein.

PLATZ SUCHEN: Halte nach geeigneten Flächen an schattigen, feuchten Plätzen Ausschau. Wände aus Backstein, Beton oder Holz sind ideal.

MALEN: Zeichne dein Motiv mit Kreide vor. Besonders witzig: Du kannst auch Buchstaben oder ganze Wörter auf die Wand schreiben. Bemale die Fläche dann mit einem Borstenpinsel sorgfältig mit der Moos-Pampe.

PFLEGEN: Solange es draußen noch warm und trocken ist, musst du dein Graffito mindestens jeden zweiten Tag mit Wasser besprühen. Wenn alles gut klappt, ist dein grünes Kunstwerk nach zwei Wochen angewachsen.

Winter

WENN ES DRAUSSEN KALT IST, wirst du dich nicht so viel im Freien aufhalten wie in den anderen Jahreszeiten. Und trotzdem gibt es so viele schöne Dinge zu erleben: den Sternenhimmel über einem Lagerfeuer, köstliche Bratäpfel mit Vanillesauce oder einen Früchtepunsch mit Zimtstangen und natürlich Tannenduft – etwas Tannengrün im Zimmer macht's möglich. Am 4. Dezember ist Barbara-Tag. Wenn du dann ein paar Zweige von Obstbäumen abschneidest und in die Vase stellst, hast du Weihnachten einen blühenden Strauß, der vom Frühling erzählt.

SONNEN-WENDE *feiern*

WENIGE TAGE VOR WEIHNACHTEN erleben wir den kürzesten Tag des Jahres. Auf der Nordhalbkugel der Erde findet diese Wintersonnenwende – so wird der Tag genannt – nämlich immer am 21. oder 22. Dezember statt.

Die Sonne steht dann mittags niedriger über dem Horizont als an jedem anderen Tag im Jahr. Es gibt keinen besseren Zeitpunkt, um ein bisschen mehr Helligkeit ins Dunkel zu bringen, z.B. mit selbst gebastelten Laternen.

★ Die Thuja ist eine der wenigen grünen Pflanzen im Winter. Zufall? Nein! Sie gehört nämlich zu den Nadelgewächsen.

DAS BRAUCHST DU:

- weißes Transparent-papier
- Zeitungspapier für den Arbeitsplatz
- fertig angerührter Tapetenkleister
- flache Schüssel
- kleine aufgeblasene Ballons
- große Sicherheitsnadel
- Schere
- Draht
- Zange
- Teelicht

PLUS:

- ein paar grüne Blättchen aus dem Garten oder von der Fensterbank

„Ich habe mir ein Spiel ausgedacht. Das geht so: Jeder sagt, was er am Winter am schönsten findet!"

1 PAPIER KLEISTERN

Zuerst reißt du das Transparentpapier in viele kleine Stücke. Dann kommt der Kleister ins Spiel: Tauch einen Papier-fetzen nach dem anderen ein und kleb ihn auf den Ballon – und zwar so lange, bis der ganze Ballon beklebt ist.

2 GRÜN PLATZIEREN

Ist der Ballon mit dem Papier umhüllt, suchst du dir ein paar grüne Blätter aus, dippst sie in den Kleister und klebst sie auch auf den Ballon. Damit später nichts davon herunterrutschen kann, kommt jetzt noch mal eine Lage Transparentpapier darüber.

3 TROCKNEN LASSEN

Jetzt brauchst du ein bisschen Geduld. Denn es dauert bis zu zwei Tage, bis alles getrocknet ist, und erst danach kannst du weiterbasteln. Besonders schnell trocknen die Ballons, wenn sie am Fenster über der Heizung hängen.

4 LUFT RAUSLASSEN

Piks unterhalb des Ballonzipfels ein Loch in den Ballon, damit die Luft entweichen kann. Dadurch löst sich auch die Ballonhaut von der Papierschicht und du kannst sie leicht entfernen. Schneide das Loch in der Laterne so groß, dass ein Teelicht hineinpasst.

5 FERTIGSTELLEN

Für den Aufhänger pikst du unterhalb des Randes je ein Loch auf zwei gegenüberliegenden Seiten. Schneide ein gut 20 cm langes Stück Draht ab. Schieb jeweils ein Ende durch ein Loch, bieg die Enden mit der Zange um – fertig!

COWBOY
Momente

Auch im Winter gibt's noch schöne Tage,
die ideal sind für ein kleines Lagerfeuer mit Freunden.

DER PERFEKTE PLATZ: Groß, windgeschützt und fern von Dingen wie Nadelbäumen, Heidekraut, Moos oder Torf, Ameisenhaufen oder Baumstümpfen. Der ideale Boden besteht aus Sand, feuchter Erde oder Steinen. Und denk daran: Trockene Zweige und Laub immer erst wegkehren! Anschließend solltest du mit ein paar großen Steinen die Feuerstelle begrenzen, damit sich das Feuer nicht ausbreiten kann.

FEUERCHEN MACHEN: Echte Cowboys und Indianer verzichten auf Anzünder und entfachen ihr Lagerfeuer mit trockenem Gras, Birkenrinde, Reisig oder Tannenzapfen. Das alles brennt schön schnell und riecht auch viel besser. Drum herum schichtet man kleine Holzscheite oder etwas dickere Äste auf.

STOCKBROT BACKEN: Dazu nimmst du 1 kg Mehl, 2 Päckchen Backpulver, 3 TL Salz, 150 g Butter, etwa 500 ml Milch.

UND SO GEHT'S: Vermisch alle Zutaten außer der Milch. Gieß anschließend nach und nach Milch hinzu und knete das Ganze, bis ein fester, geschmeidiger Teig entsteht. Den Teig 20 – 30 Minuten ruhen lassen. Schneide oder reiße ihn danach in lange Streifen, die du um die Stöcke wickelst.

MINI-BIOTOP
verschenken

KLEINE GRÜNE OASEN für die Fensterbank sind schnell gebaut. Am besten produzierst du sie gleich in Serie – schließlich weihnachtet es ja bald schon wieder … Sammle daher am besten ein paar Wochen lang Gläser mit Schraubverschluss in verschiedenen Größen für deine Mini-Biotope. Eigentlich ist jede Glasform okay, aber eine große Öffnung erleichtert dir die Arbeit. Optimal geeignet sind z. B. große Marmeladen- oder Honiggläser und natürlich Joghurtgläser.

★ Moos sammeln ist okay, solange man nur so wenig von einer Fundstelle nimmt, dass es gut weiterwachsen kann.

DAS BRAUCHST DU:

- Gläser mit Deckel
- kleine Steine oder Kies
- 1 kleines Paket Aktivkohle aus dem Aquariumbedarf
- Vogelsand
- Blumenerde
- Esslöffel
- Wassersprüher
- Moos
- Soft-Ton aus dem Baumarkt
- Perlen, Muscheln, kleine Steine

„Wenn der Deckel fest verschlossen ist, muss man nicht mehr gießen. Mal sehen, ob's klappt!"

1 FILTERSYSTEM VORBEREITEN

Gib so viel Kies oder Kieselsteine ins Glas, dass der Boden ganz bedeckt ist. Diese Schicht kann so hoch sein, wie du es schön findest.

2 REINIGUNG EINBAUEN

Streu anschließend ein bisschen Aktivkohle darüber. Sie wird im Glas alle Unreinheiten herausfiltern, wenn das Wasser durch die Steine sickert. Darauf kommt noch eine Schicht Vogelsand.

3 NAHRUNG ERGÄNZEN

Das Moos braucht Nahrung. Gib deshalb noch zwei, drei Esslöffel Blumenerde auf den Vogelsand. Falls die Erde sehr trocken ist, sprüh jetzt schon einmal alles gut mit dem Wassersprüher ein.

4 MOOS EINPFLANZEN

Dann zupf kleine Moospflänzchen ab und drück sie auf den Boden. Aber Achtung: Nimm nicht zu viel Moos. Lass ihm Platz zum Wachsen! Jetzt auch das Moos mit Wasser besprühen, das Glas mit dem Deckel verschließen – fertig!

5 BUNT MACHEN

Um den Deckel kannst du eine Schicht Soft-Ton auftragen. Verstreich ihn schön glatt und verziere ihn nach Lust und Laune mit Perlen, Muscheln oder Steinchen. Stell dann das Glas an einen nicht zu sonnigen Platz. Das Moos weiß es zu schätzen!

HOLUNDER

ROSSKASTANIE

PFIRSICH

APFEL

BARBARA
Zweige

Im Moment ragen die Bäume schwarz und kahl in den Himmel. Doch wenn du genau hinschaust, siehst du bereits die Winterknopsen. Wenn du eine davon mit den Fingernägeln aufkneifst, findest du darin schon ganz klein die Blätter und Blüten des kommenden Frühlings verpackt. Du kannst sie aber auch anders hervorlocken: Stell am 4. Dezember, am Tag der heiligen Barbara, einige Obstbaumzweige in eine Vase. Wenn du Glück hast, blühen sie genau zu Weihnachten!

BIRNE

FORSYTHIE

KIRSCHE

PFLAUME

SCHNEE
Versteck

Um ein Haus daraus bauen zu können, muss der Schnee so richtig schön pappig sein. Außerdem brauchst du noch viel Zeit – und ein paar Freunde, die mit anpacken.

ZUERST BRAUCHST DU einen guten Platz für dein Iglu. Dort trampelst du die Schneedecke richtig schön fest. Dann kannst du mit dem Bauen loslegen:

WENN DER SCHNEE zu locker ist, pack ihn erst in Kisten und drück ihn fest zusammen. Du musst so fest drücken, dass der Block stabil wird und du ihn gut stapeln kannst. Aber er darf auch nicht zu fest sein, sonst geht zu viel Luft im Schnee verloren. Die Luft zwischen den Schneekristallen ist wichtig für die Isolation. Die ist bei einem echten Iglu ganz wichtig, weil sie dafür sorgt, dass es nicht zu eisig darin wird.

DIE SCHNEEBLÖCKE legst du im Kreis möglichst eng nebeneinander. Bau auf diese Weise eine Spirale, die nach oben immer enger wird. Das heißt, bei jeder neuen Runde neigst du die Schneeblöcke ein bisschen mehr nach innen. Die Spalten, die dabei entstehen, stopfst du mit Schnee aus, bis die Wände dicht sind.

ZUM SCHLUSS sägst du den Eingang raus. Das geht ganz gut mit einer Fuchsschwanz-Säge. Das fertige Iglu begießt du zum Schluss vorsichtig mit Wasser. Nimm eine Gießkanne mit Brauseaufsatz dazu. So entsteht eine Eisschicht, die dafür sorgt, dass dein Iglu schön stabil ist.

NOCH EIN TIPP: Zieh beim Bauen ein paar Haushaltshandschuhe aus Latex unter deine warmen Handschuhe an. Sie schützen dich vor Feuchtigkeit und Kälte!

MÄRCHEN-STIMMUNG *einfangen*

BRRRR ... das Thermometer ist auf unter null gefallen? Dann herrschen jetzt die perfekten Bedingungen, um ein paar Wasserkunstwerke zu machen. Das Beste daran: Die zarten Gebilde lassen sich über Nacht zaubern. Bevor du also am nächsten richtig kalten Abend ins Bett gehst, nimm dir ein paar Minuten Zeit, um nette Kleinigkeiten in ein Gefäß mit Wasser zu werfen. Dann ab nach draußen damit! Wenn du am nächsten Morgen aufstehst, sind deine eiskalten Kunstwerke garantiert fertig.

★ Gerade im Winter verzaubern Gräser den Garten. Mit Raureif überzogen, sehen die Halme aus wie dünne Zuckerstangen.

DAS BRAUCHST DU:

- kleine und große frostfeste Behälter aus Plastik oder Metall
- Wasser
- größere Steine
- Blütenblätter, Muscheln, Sternanis, Plastikperlen, Federn, Bänder aus Wolle oder Baumwolle, bunte Steinchen – oder was sich sonst so in der Bastelschublade finden lässt
- Kerze

„Wenn ich den Eisring gegen den Himmel halte, sieht er besonders schön aus. Deshalb hänge ich ihn auf!"

1 EISSCHEIBEN

Für transparente Scheiben aus Eis sind Gefäße mit flachen Böden besonders geeignet, z. B. ein Tiefkühlbehälter. Füll das Wasser knapp 1 cm hoch ein und gib Muscheln, Steinchen oder Perlen hinzu.

2 WINDLICHTER

Füll ein größeres Gefäß mit Wasser. Stell dann ein kleines Gefäß in die Mitte, das du mit einem Stein beschwerst, damit es weder schwimmt noch umkippt. Ein Wasserstand zwischen 5 und 10 cm ist ideal, damit die Kerze, die du gleich nach dem Gefrieren hineinstellst, später nicht vom Wind ausgepustet wird.

3 BUNTER SCHNICKSCHNACK

Ein Eisring allein sieht schon hübsch aus. Wenn du aber ein paar bunte Kleinigkeiten darin einfrierst, wird es gleich noch mal so schön. Lass so viele Dinge ins Wasser plumpsen, wie du magst. Und dann? Tee trinken und abwarten, bis alles gefroren ist.

4 SONNENGLITZER

Eis und Schnee brauchen Licht, um richtig schön zu glitzern. An frostigen, klaren Tagen kannst du deine kleinen Kunstwerke einfach in die Sonne stellen. Es ist wunderhübsch, wenn sich ihre Strahlen im Eis brechen.

5 KERZENSCHEIN

Abends hauchen Kerzen ein bisschen Magie in die gefrorenen Kunststücke. Bleibt es draußen kalt genug, zaubern die etwas stabileren Eisringe viele Abende lang Schneeköniginnenstimmung auf den Balkon oder in den Garten.

PIEPMATZ Plätzchen

Vogelfutter kann man kaufen, aber es gibt eine viel nettere Alternative: Backen für die kleinen Gäste!

DAS BRAUCHST DU:

- 1 Päckchen Gelatinepulver
- 500 ml Wasser
- 1 Topf
- 1 Schneebesen
- 1 Paket Vogelfutter
- Backpapier
- Backblech oder Tablett
- größere Ausstechförmchen oder kleine Kuchenformen
- 2 kleine Löffel
- Bleistift
- Wolle, Bast oder Geschenkband
- Geschirrtuch

UND SO GEHT'S: Die Gelatine mit etwas lauwarmem Wasser anrühren und kurz quellen lassen, anschließend das restliche Wasser dazugießen. Alles gut mit dem Schneebesen vermischen, bis sich das Pulver aufgelöst hat.

DIE GUTEN INS TÖPFCHEN: Jetzt das Vogelfutter in den Topf mit der aufgelösten Gelatine geben und wieder gut mischen, bis die Samenkörner wie ein dünner Film von der Gelatine überzogen sind.

ACHTUNG: Zu viel Gelatine mögen die Vögel nicht!

BACKE, BACKE VOGELFUTTER: Erst Backpapier auf dem Backblech oder einem Tablett ausbreiten, dann die Ausstechförmchen oder kleinen Kuchenformen daraufstellen. Jetzt das Körner-Samen-Gemisch mit zwei Löffeln in die Förmchen drücken und danach mit dem Bleistift ein Stückchen Band zum Aufhängen hineindrücken. Anschließend das Blech oder Tablett und die Förmchen mit einem Geschirrtuch abdecken und 3 Stunden kühl stellen. Dann die Plätzchen vorsichtig aus den Förmchen nehmen und 2 Tage trocknen lassen.

COMICGÄRTEN
pflanzen

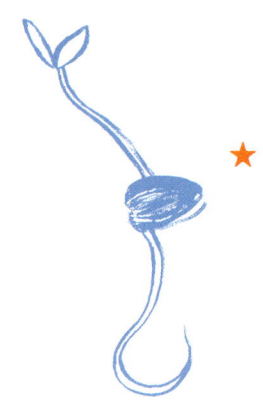

WAS MACHT MAN mit den alten Comics unterm Bett, die keinen Sammlerwert haben? Radieschensamen hineinlegen zum Beispiel. Dahinter steckt übrigens die tolle Idee „Manga Gärtnern" von dem japanischen Künstler Kawachi Koshi. Weil sie Kunst und Pflanzen miteinander verbindet, ist dieses filigrane Werk allerdings eher als Futter für die Augen als zum Verzehr gedacht. Man kann nämlich nicht ausschließen, dass die Pflanzen giftige Farbe aus dem bedruckten Papier aufnehmen.

Sprossen für deinen Salat ziehst du besser in einem Sprossenglas. Damit bringst du schon nach ein paar Tagen Vitamine satt auf den Tisch.

★ Sprossen sind supergesund. Schaff im Winter ein bisschen Platz auf der Fensterbank für deine Lieblingssorten!

DAS BRAUCHST DU:

- Sprossensamen aus der Tüte, z. B. Radieschen oder Alfalfa
- 3 alte Comic-Bücher
- Bindfaden
- flache Schale oder Auflaufform
- Wasser
- Kanne

„Ich hab gleich mehrere Comicgärten gemacht. Vor dem Gießen kann man sie nämlich super als Geschenk einpacken."

1 SAMEN LEGEN ...

Leg die Samen nicht mehr als 3 cm unterhalb des oberen Seitenrandes ins Buch. Das ist wichtig, damit sie schnell ans Tageslicht wachsen können.

2 ... UND VERTEILEN

Damit es schön gleichmäßig aus dem Comic grünt, leg die Samenreihen in einem Abstand von etwa 0,5 cm im Buch an.

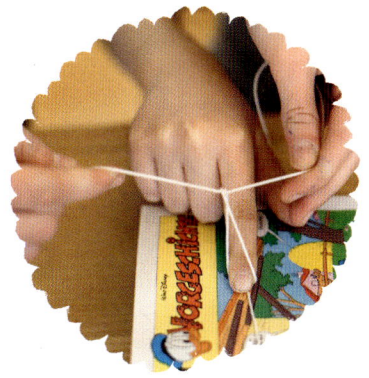

3 GUT VERSCHNÜREN

Verschnüre anschließend jeden Comic einzeln – und zwar im Liegen. Auf diese Weise verhinderst du, dass die Samenkörner versehentlich nach unten rutschen. Wenn jemand mithilft, kannst du den Bindfaden besonders eng verknoten.

4 COMIC-SAMMLUNG

Nimm unbedingt gleich drei oder mehr Comicbücher, weil sie als zusammengeknotetes Gesamtpaket stabiler in der Schale stehen. Ab jetzt ist nur noch eine Sache wichtig: reichlich Wasser.

5 GIESSEN, GIESSEN, GIESSEN

Such einen schönen Platz auf der Fensterbank für dein künftiges Sprossen-Kunstwerk. Achte darauf, dass die Buchseiten ständig gut feucht bleiben, damit die Samen erst quellen und die Wurzeln anschließend genug Wasser bekommen.

ANKE schreibt viel, macht aber andere Dinge noch viel lieber. Etwa diese hier: in der Erde wühlen, den eigenen Salat ernten, Tiere in Wolkenbildern suchen, mit Kindern und Meerschweinchen spielen, dem Gras beim Wachsen zusehen.

THEKLA fotografiert Menschen, Tiere, Pflanzen, den Himmel, den Regen, die Sonne. Das hat sie schon als Kind gemacht. Und sie ist gerne draußen, egal wie das Wetter ist. Dann kann sie sich nicht satt-sehen und freut sich über alles, was dort wächst.

JUDITH genießt es, jeden Tag neue bunte Bilder entstehen zu lassen, mit ihrer Tochter tolle Sachen zu machen und so viel Zeit wie möglich in der Natur zu verbringen – am liebsten barfuß im Sommer.

HANS gestaltet Bücher, Plakate und vieles mehr. Am liebsten zeichnet er, druckt selber mit Farbe und Walze oder schnitzt Tiere aus Holz. Zwischen-durch macht er immer mal wieder eine Fahrradtour.

3. Auflage 2013
Copyright © 2013 Gerstenberg Verlag, Hildesheim
Alle Rechte vorbehalten
Druck: TBB, a.s., Banská Bystrica
Printed in the Slovak Republic
www.gerstenberg-verlag.de
ISBN 978-3-8369-5433-4

Idee, Konzept, Text: Anke M. Leitzgen
Fotos: Thekla Ehling
außer Foto S. 63: Michel Sturm,
Foto Thekla Ehling: Zoe Eder,
Foto Hans Baltzer: Björn-Arne Eisermann
Illustrationen: Judith Drews
Art Direction & Buchgestaltung: Hans Baltzer

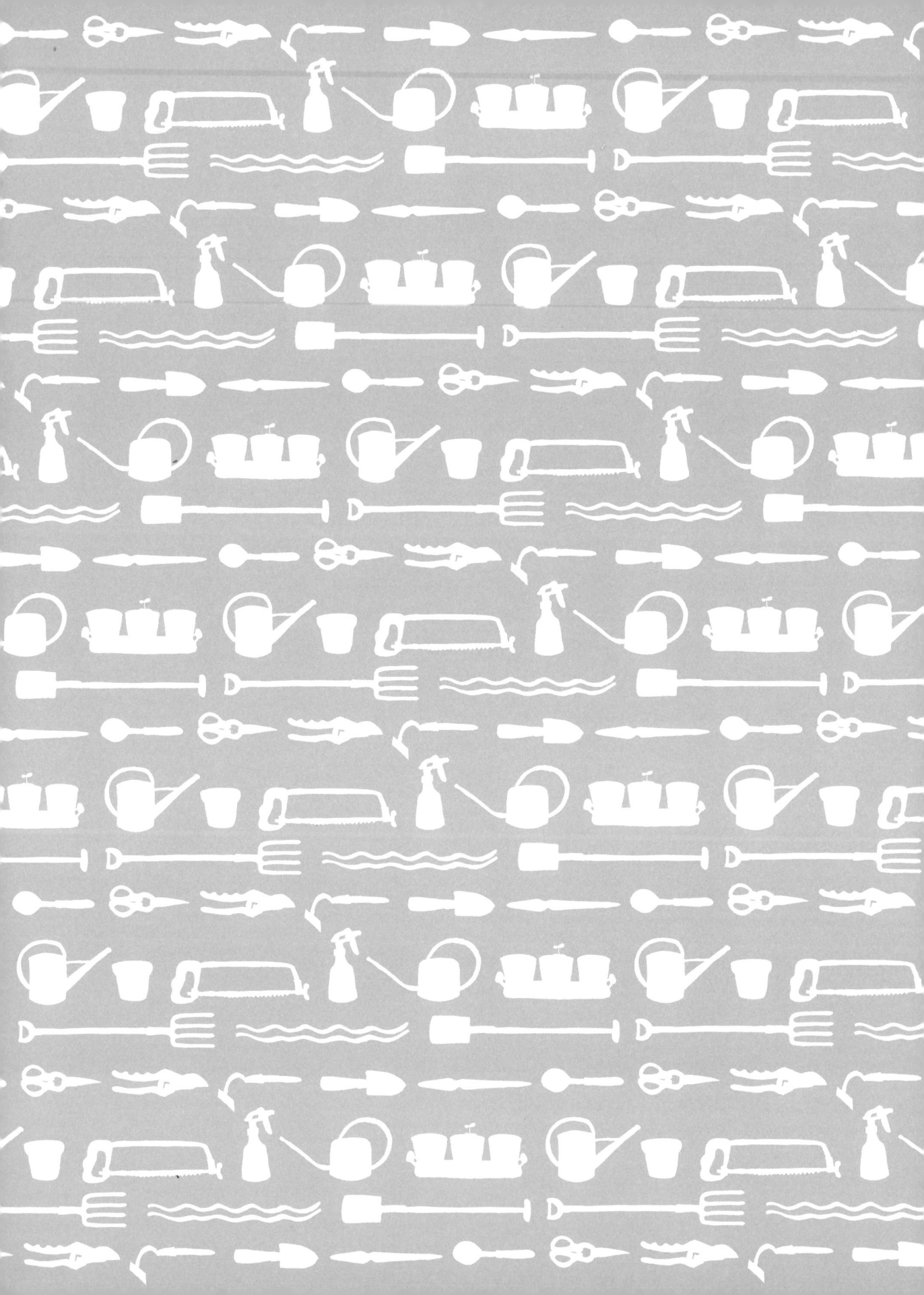